콘텐츠로 풀어 낸 알기 쉬운

미국 문화

콘텐츠로 풀어 낸 알기 쉬운
미국 문화

초판 인쇄 2024년 3월　5일
초판 발행 2024년 3월 10일

지은이 김상조, 민현석
펴낸이 조승식
펴낸곳 도서출판 북스힐
등록 1998년 7월 28일 제22-457호
주소 서울시 강북구 한천로 153길 17
전화 02-994-0071
팩스 02-994-0073
인스타그램 @bookshill_official
블로그 blog.naver.com/booksgogo
이메일 bookshill@bookshill.com

값 15,000원
ISBN 979-11-5971-594-5

콘텐츠로 풀어 낸 알기 쉬운

미국 문화

김상조 ★ 민현석 지음

 북스힐

★ 머리말

이 책은 미국의 정치, 사회, 역사에 관한 딱딱한 이론적 설명이 아닌 누구나 쉽게 접하고 친숙한 콘텐츠에 살아 숨 쉬는 대중적인 미국 문화를 살펴보는 데에 주안점을 두고 있다.

총 세 개의 파트로 나뉘어 있으며, 각 파트는 10개의 챕터로 구성되어 있다. Part 1은 미국의 의식주, 교육 및 의료 제도 같은 미국의 생활 속 문화를 알기 쉽게 풀어내고 있다. Part 2는 다인종·다문화 그룹을 표방하는 미국 사회의 주류 계층과 다양한 인종들이 겪었던 역사적 차별 그리고 이러한 인종 차별에서 비롯된 식문화, 스포츠 문화, 인종별 주류 직업군에 대해 살펴보고 있다. 마지막으로 Part 3는 현재의 미국 영토가 형성된 역사적 배경과 미국의 지역적 특색 그리고 대도시들에 숨겨진 재미있는 비하인드 스토리를 담고 있다. 이 책을 통해 독자들이 미국 문화에 보다 쉽게 접근하고, 미국이 추구하는 보편적 가치를 이해하는 계기가 마련되기를 바란다.

마지막으로 이 책이 나올 수 있도록 물심양면으로 힘써주신 인덕대학교 김세환 교수님, 좋은 책으로 만들어주신 북스힐 대표님 및 관계자분들 그리고 응원해 준 소중한 가족들에게 감사의 말씀을 전하고 싶다.

저자 김상조, 민현석

차례

머리말 5

Part ★ 1 **미국 생활 속에
담긴 문화**

백인들은 왜 태닝을 즐겨할까? 11

코로나와 디지털화가 바꿔 놓은 미국의 팁 문화 19

미국인도 잘 모르는 요상한 미국 법-배회금지법 27

스웨덴에서 시작되고 미국에서 대중화된 뷔페 32

미국 화장실 문은 왜 발이 보이도록 만들었을까? 40

부자 나라 미국에는 왜 이렇게 노숙자가 많은 것일까? 44

미국의 높은 의료비 원인은 무엇일까? 50

미국인들은 왜 케이크나 도넛 같은 단 음식을 즐길까? 55

미국의 공식 언어는 영어일까? 62

미국의 신학기는 왜 가을에 시작할까? 71

Part ★ 2 인종 및 사회 문화

우리가 알아야 하는 인종차별적 표현은 무엇이 있을까? 79

프라이드치킨에 숨어 있는 미국 문화:

    다크 미트와 화이트 미트 89

크리스마스 캐럴은 왜 유대인들이 작곡했을까? 95

미국 원주민의 애환이 담긴 '프라이브레드' 102

다양한 이민자 그룹이 종사하는 주류 직업군 109

인종차별의 상징이었던 '수박' 117

루이 암스트롱의 〈왓 어 원더풀 월드〉 세상은

    '낫 어 원더풀 월드'였다 122

흑인들의 게토 문화 - 총기 없는 세상을 꿈꾸다 132

미국 주류 백인 그룹

    'WASP(앵글로·색슨계 백인 개신교도)' 143

메이저 리그에서 심판이 과장된 제스처를 하는 이유 149

Part ★ 3 지역과 관련된 미국 문화

전쟁과 토지 구매를 통해 이루어진 광대한 미국 영토 • 157

미국의 대도시를 상징하는 닉네임 • 165

우리와 다른 미국의 행정과 치안 • 172

미국 동부 아이비리그의 전통과 문화 • 179

왜 아이언 벨트는 러스트 벨트가 되었을까 • 185

기독·보수 문화의 중심지-바이블 벨트 • 192

맥주 산업의 중심지-세인트루이스, 밀워키, 덴버 • 198

사우스다코타주의 조각상에 담긴 인디언 역사 • 206

저항의 중심지-샌프란시스코 • 216

'캔자스 외딴 시골집'에도 거주하는 한국 이주민 • 223

이미지 출처 • 233

Part 1

미국 생활
속에
담긴 문화

백인들은
왜 태닝을 즐겨할까?

———

미국 공원에 가면 사람들이 상체를 노출하며 한가로이 태닝을 즐기는 모습을 볼 수 있다. 태닝이란 햇빛에 피부를 그을리는 행위를 말한다. 실제로 연간 수백만 명의 미국인이 일부러 살을 태우기 위해 실내 태닝 숍을 이용할 정도로 그 인기가 높다. 한국에서는 더운 여름날 햇볕에 그을리지 않기 위해 양산을 쓰고 다니는데, 왜 미국인들은 일부러 살을 태우는 것일까? 그 이유는 그을린 피부가 사회적 지위, 경제적 여유로움 그리고 자유로운 라이프 스타일을 나타내기 때문이다.

그래서 미국에서 태닝 산업은 급속도로 성장하고 있다. 미국 피부과 학회American Academy of Dermatology에 따르면, 2023년 실내 태닝 산업the indoor tanning industry 규모는 약 50억 달러이며, 이는 1992년 이후

5배나 증가한 수치이다. 실내 태닝의 이용객은 16~29세의 백인 여성들이 대부분을 차지하고 있다. 또한 피부암 재단^{Skin Cancer Foundation}에 따르면, 매년 약 3천만 명의 사람들이 실내 태닝 침대를 사용한다고 한다. 실제 미국 대학생의 59퍼센트가 실내 태닝 침대를 한 번 이상 사용해 본 적이 있을 정도로 태닝의 인기가 높다.

과거 영국과 미국이 하얀 피부를 갈망했던 이유

하지만 태닝의 주 이용자들인 백인들이 처음부터 살을 그을리는 행위를 즐겼던 것은 아니다. 아이러니하게 1920년대 전까지만 해도 백인들은 하얀색 피부를 갈망해 왔다. 그렇다면 지금과 달리 과거 백인들은 왜 하얀색 피부를 선호했던 것일까? 또한 백인들의 피부

엘리자베스 1세

색에 대한 인식이 바뀌게 된 결정적 이유는 무엇일까? 역사를 거슬러 올라가 보면, 이에 대한 답을 찾을 수 있다.

엘리자베스 1세(재위 기간 1558~1603) 시기부터 1920년대까지 영국에서는 하얀색 피부가 부와 사회적 지위를 상징했다. 반면 같은 백인이라도 어두운 피부색을 가지고 있는 사람은 생계유지를 위해 육체노동에 종사하는 사람으로 여겨져 하층민 취급을 받았다. 그래서 당시 많은 영국 여성은 하얀색 피부로 보이기 위해 햇빛 노출을 극도로 삼가며, 심지어는 흰색 납 가루와 식초를 섞어 화장을 하기도 했다.

이에 영향을 받아 미국에서도 마찬가지로 하얀 피부가 검게 그을린 피부보다 선호되었다. 19세기 중반까지 대다수의 미국인은 시골 지역에 살았으며, 많은 이가 농장과 들판에서 일했다. 그래서 미국에서도 하얀색 피부는 부를 상징하며, 육체노동에 종사하지 않는 계층이라는 점을 암시했다. 18세기부터 20세기 초까지 유럽 남부와 동부 지역 출신 이민자들이 미국에 대거 유입되었다. 이들이 지닌 어두운 피부는 북부와 서부 유럽 출신 앵글로·색슨 계열 즉, 주류 백인들의 하얀 피부색에 대한 우월적 인식을 더욱 강화시켰다. 그래서 1900년대 초까지 부유한 여성들은 햇빛으로부터 신체 노출을 막기 위해 양산, 모자, 장갑을 사용하였다.

피부색에 대한 인식 변화에서 비롯된 태닝

제1차 세계 대전 이후 산업 사회로 전환되면서 하얀색 피부에 대한 선호도는 점차 바뀌게 되었다. 이러한 인식 변화의 배경에는 경제 성장이

닐스 핀센

가장 큰 요인으로 작용하였다. 산업화로 인해 안정된 소득을 유지하는 중산층이 증가하고 근로 시간 단축으로 인해 여유로운 시간이 늘어나면서, 야외 활동을 노동보다는 여가로 인식하는 경향이 나타났다. 따라서 얼굴이 그을린 모습은 야외 활동을 즐길 수 있는 시간적 여유와 생활의 부유함을 의미했다. 이로 인해 검게 탄 피부는 개인의 건강, 활력, 그리고 풍요로운 생활방식 등을 나타내는 상징처럼 여겨지기 시작했다.

대중들의 피부색에 대한 인식 변화에 당시 의료계도 많은 영향을 끼쳤다. 왜냐하면 의료계가 건강과 태닝의 연관성을 홍보하기 위해 많은 노력을 기울였기 때문이다. 20세기 초, 많은 사람이 햇빛이 질병을 치료하는 데에 도움이 된다고 믿었다. 이러한 인식 확산에 기여한 인물이 닐스 핀센Niels Finsen이다. 의사였던 닐스 핀센은 1903년 구루병과 결핵 치료에 햇빛을 사용하는 이른바 '광선요법light therapy'을 개발하여 노벨 의학상을 수상했다.

이후 건강을 위해 햇빛을 쬐는 태닝이 유행처럼 번졌다. 그 당시 주요 질병 중 하나가 결핵이었는데 사람들은 따뜻하고 건조한 빛과 공기가 결핵 환자를 치료하는 데 도움을 준다고 여겼다. 또한 대도시 지역에 거주하는 많은 이가 비좁고 열악한 위생 환경 속에서 생활해야만 했으므로, 의학계는 건강 유지를 위해 결핵 박테리아가 번식하는 어둡고 습한 공간에서 지내기보다는 햇빛을 받는 야외 활동을 적극 장려했다.

태닝을 즐기게 된 동기: 트렌드의 편승과 자유분방함의 추구

다양한 사회 문화적 변화는 태닝에 대한 인식 변화에 많은 영향을 끼쳤다. 그 대표적인 예가 20세기 초 패션 아이콘인 코코 샤넬Coco Chanel이다.

그녀는 1920년대 태닝의 대중화에 기여했다. 샤넬은 이국적인 곳에서 햇볕에 그을린 피부를 가진 모델로 패션 화보를 촬영하였으며, 이러한 이미지들을 통해 대중들은 태닝한 피부를 패션의 일부로 인식하게 되었다. 동시에 교통수단의 발달로 인해 일반인들도 따뜻하고 이국적인 관광지로의 여행이 용이해졌으며, 그곳에서 코코 샤넬처럼 일광욕 같은 야외 활동을 즐기는 행위가 하나의 문화로 자리 잡게 되었다. 이에 태닝은 단순히 피부를 태우는 일을 넘어서 최신 트렌드에 편승하는 행위로 여겨졌다.

또한 빅토리아 시절 억압의 산물이었던 코르셋에서 탈피하여, 과거 금기시되어 온 흡연, 음주, 춤과 같은 유흥에 대한 갈망 또한 태닝에 대한 인식 변화에 기여했다. 1920년대 '신여성'들이 착용한 독특한 스타일의 드레스 즉 플래퍼flapper가 지닌 저항성과 마찬가지로, 전신을 드러내며 피부를 그을리는 태닝은 빅토리아 시대의 보수적인 문화에서 탈피하여 자유분방함을 추구하는 또 다른 표현 방식이었다.

코코 샤넬

태닝을 유행시킨 비키니의 등장

이러한 정서가 모태가 되어 태닝을 폭발적으로 유행시킨 아이템인 비키니가 등장하게 되었다. 비키니는 1946년 7월 프랑스 엔지니어이자 의류 디자이너인 루위 레아르^{Louis Réard}가 제작했으며 파리의 인기 수영장인 피신 몰리터^{Piscine Molitor}에서 처음 소개됐다.

비키니라는 이름은 서태평양 핵실험지인 '비키니 환초^{Bikini Atoll}'에서 유래한 것인데, 레아르는 자신이 만든 수영복이 비키니 환초에서 있었던 핵실험만큼 폭발적인 영향력을 일으켰으면 하는 바람에서 그렇게 이름을 붙였다. 그런 그의 바람은 현실이 되었다. 1962년 제임스 본드 시리즈의 영화 〈007 살인 번호〉에서

루위 레아르

우르줄라 안드레스^{Ursula Andress}가 첫 번째 본드걸인 허니 라이더 역으로 나왔을 때, 그녀는 태닝을 돋보이게 하는 흰색 비키니를 선보였다. 이를 본 많은 여성이 그녀의 진한 시나몬 색깔 피부를 만들기 위해, 비키니를 입고 태닝을 즐겼다.

이후 1971년 금발 머리와 어두운 피부색을 가진 바비 인형의 출시는 어린 소녀들에게도 태닝의 매력을 어필하는 데에 일조했다.

오늘날 여가 활동으로 자리 잡은 태닝 1978년에는 미국에서 최초의 현대식 실내 태닝 침대가 나왔다. 이를 계기로 오늘날 태닝은 사람들이 일부러 돈을 지불해서라도 즐기는 여가 활동의 한 부분으로 자리 잡았다. 물론, 의료 기관에서는 햇볕에 피부

우르줄라 안드레스

1971년 출시된 말리부 바비 인형

를 과다 노출했을 때의 위험성을 경고하지만 여전히 수백만 명이 태닝을 즐기고 있다. 피부암 재단에 따르면 모든 피부암의 90퍼센트는 태양의 자외선 노출과 관련이 있으며 주름, 갈색 반점과 같은 문제를 유발할 수 있다고 경고한다. 그럼에도 불구하고 많은 미국인이 야외를 비롯한 실내에서까지 여전히 태닝을 즐기고 있다.

코로나와 디지털화가 바꿔 놓은
미국의 팁 문화

팁은 서비스를 제공하는 사람에게 고객이 감사의 표시로 지불하는 금액을 의미한다. 미국에서 팁을 주는 것은 일반적인 관례로 여겨지며, 서비스 산업에 종사하는 사람들에게는 소득의 주요 원천이기도 하다. 일반적으로 팁은 음식이나 서비스 가격에 추가되며, 내는 금액은 제공된 서비스의 질과 만족도에 따라 다를 수 있다. 일반적으로 음식이나 서비스의 가격의 15~20퍼센트 정도를 팁으로 지불한다.

팁 문화는 코로나19 팬데믹을 거치면서 변화를 겪게 되었다. 코로나 기간 동안 관례적인 팁의 비율이 상승했을 뿐만 아니라 팁을 청구하지 않았던 분야에서도 팁을 요구하는 일이 빈번하게 일어났다. 왜 이러한 변화가 발생했을까? 이는 팁 문화의 구조적 문제, 팬데믹으로 인한 팁에 대한 인식 변화, 디지털 기술의 발전에서 기인한다.

미국 팁 문화의 유래

미국의 팁 문화는 19세기 중반 유럽 여행에서 돌아온 부유한 미국인들에 의해 시작됐다. 그들은 당시 유럽의 상류층 사회에서 널리 퍼졌던 팁 문화를 모방하여 미국에 전파했다. 유럽의 팁 제도는 중세에 생겨났는데, 이는 하인들이 탁월한 성과를 거두면 귀족으로부터 사례금을 받는 일종의 주종 풍습ᵃ master-serf custom에서 비롯되었다. 부유한 미국인들 또한 이러한 귀족적인 대우를 받음으로써, 자신들이 상류층이라는 우월적 지위를 드러내고 싶어 했다. 이들의 과시욕과 당시의 시대적 유행이 맞물려 미국에 팁 문화가 도입되었다.

하지만 이러한 팁 문화는 초창기에는 강한 반발을 불러일으켰다. 일반적인 미국인들에게 가뜩이나 만만찮은 외식비에 추가로 비용을 지불해야 하는 팁은 가계의 부담을 가중시키는 또 다른 요인이었다. 또한 많은 이가 상류층 사람들이 서비스 제공자들에게 남기는 티핑

tipping을 계급주의를 강요하는 모욕적인 행위로 느꼈다. 당시 미국인들이 계급주의 유럽 사회에서 벗어나 자유와 평등을 찾아 미대륙으로 건너온 사람들임을 고려해 보면, 이들의 시각에서 팁 문화는 사회적 평등에 반하는 가치이면서, 봉건적인 산물이었다.

이러한 거부감에도 불구하고 팁 문화는 남북전쟁 이후 노예제 폐지와 함께 미국 남부에 뿌리를 내렸다. 서비스업은 해방된 노예들이 제한된 취업 환경에서 선택할 수 있는 몇 안 되는 직종 중 하나였다. 이 업계의 많은 백인 고용주는 흑인 종업원들에게 적절한 임금을 지불하지 않았기 때문에, 이들은 고객이 남기는 팁에 의존하며 생계를 꾸려 나가야 했다. 이후 팁 문화는 철도를 통해 퍼지기 시작했다. 철도 회사인 풀먼 컴퍼니Pullman Company의 설립자인 조지 풀먼George Pullman은 해방된 남부 흑인들을 짐꾼과 종업원으로 고용했다. 그는 그들에게 한 달에 12달러에서 27달러 사이의 저임금을 지불했고, 나머지는 팁으로 충당하게 했다. 풀먼사의 기차들이 전국적으로 승객을 운송하면서 팁 문화는 점차 더 먼 곳까지 뻗어 나갔다.

20세기 초 미국의 여러 주는 이러한 팁 문화의 전파를 막고자 팁을 금지하는 법을 통과시키기도 했으나, 1926년에 이르러 이미 만연해 있는 팁 문화를 더 이상 규제하는 것이 힘들다고 판단하고 이 법들을 폐지했다.

이후 팁 문화는 레스토랑 업계에까지 확산되어 미국인들의 생활속 문화로 자리 잡게 되었다. 1966년 미국 의회는 레스토랑이 최저임금에서 팁을 제외한 금액을 직원들에게 지급하는 '팁 크레디트Tip

풀먼 컴퍼니의 기차 식당칸

Credit' 제도를 만들었다. 팁 크레디트 제도는 팁이 서비스 노동자의 최저 임금에 포함되도록 규정하고 있다. 이에 따라, 사업주는 최저 임금에서 팁을 제외한 나머지(통상 최저 임금의 40~60퍼센트 범위)를 직원들에게 지급하게 되었으며, 이러한 관행은 현재까지 이어지고 있다.

팁으로
누구에게 얼마를
내야 하나?

1950년대에 사람들은 통상적으로 청구서의 10퍼센트를 팁으로 냈다. 1970년대와 1980년대에는 그 비율이 15퍼센트로 상승했다. 이후 팬데믹을 계기로 오르기 시작해, 2023년 현재 일반적으로 청구된 금액의 15~30퍼센트를 팁으로 지불한다. 2022년 크레디트

장소	서비스 담당자	상황	팁 금액
레스토랑	서버	음료와 식사	통상적으로 15~20퍼센트. 제공된 서비스에 아주 만족한 경우라면 20퍼센트 이상
뷔페	잔에 물을 따라 주거나 접시를 치워 주는 직원	셀프서비스 뷔페	1인당 10~15퍼센트
테이크아웃 레스토랑	계산원	테이크아웃 픽업	필수는 아니지만 감사의 표시로 몇 달러 정도의 팁은 가능
택시	운전기사	목적지까지 운행	팁은 최소 15퍼센트, 무거운 짐을 운반하는 데 도움을 주면 20퍼센트 이상
식료품점이나 할인점	직원	식료품 픽업	대부분의 상점에서는 팁을 받지 않지만, 내고 싶다면 몇 달러 정도는 가능
레스토랑 식사 배달	배달 기사	음식 배달	청구 금액의 최소 20퍼센트 (이 금액이 5달러보다 낮다면 5달러 지불)
호텔	청소부	룸 청소	하루 3~5달러

카드닷컴Creditcards.com 조사에 따르면 미국 소비자들은 평균 21퍼센트 이상의 팁을 지불했다고 한다.

레스토랑에서 제공하는 서비스가 불만족스러웠던 경우에는 팁을 주지 않아도 된다. 팁을 내지 않아도 되는 곳으로는 패스트푸드 체인점이나 카페, 의료 기관, 약국, 슈퍼마켓 등이 있다.

코로나와 포스 시스템으로 인한 팁 비용 상승

코로나바이러스의 대유행은 전 세계의 여러 산업에 광범위한 영향을 미쳤고, 팁 문화 역시 예외가 아니다. 특히 배달 및 필수 서비스업 분야 종사자들은 감염 위험에 노출된 상황에서도 팬데믹 기간 동안 최전선 근로자frontline workers로서의 역할을 다했다. 이러한 희생을 접한 고객들은 감사의 표시로 그들에게 더 후한 팁을 주기 시작했다. 또한 배달 서비스에 대한 수요가 급증하여 팁이 적용되는 범위가 음식뿐만 아니라 다른 상품 배달에까지 확대되는 결과를 낳았다. 게다가 팬데믹 봉쇄로 인한 근무시간 단축은 많은 서비스업 종사자를 봉급 삭감 혹은 실직에 직면하게 했고, 이들의 경제적 어려움을 걱정한 소비자들은 배려 차원에서 더 많은 팁을 주기 시작했다.

팁을 내는 방식의 변화도 팁 비용 상승을 초래했다. 포스(POS, Point of Scale) 시스템은 판매 및 결제 프로세스를 자동화하고 관리하

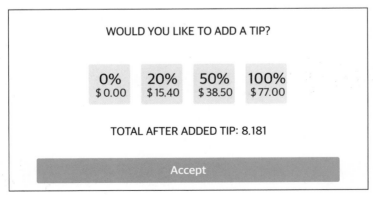

포스 단말기 화면

는 기술집약적 시스템이다. 포스 기기를 이용한 이러한 시스템은 일반적으로 레스토랑, 카페, 바 등의 서비스 업계에서 주로 사용하고 있다. 많은 사람이 현금 대신 디지털 결제를 사용하기 시작하면서, 포스 단말기에는 자동으로 팁을 계산해 주는 기능이 추가되었다. 이러한 시스템은 일반적으로 청구서 총액에 대한 팁의 비용(예를 들어 15퍼센트, 20퍼센트, 25퍼센트, 30퍼센트)을 선택할 수 있는 옵션을 제공한다.

겉보기에는 포스 단말기에서 자동으로 계산된 팁 금액을 선택해 지불하는 것이 편리해 보일지도 모른다. 하지만 이 시스템에서 제시하는 팁의 최소 비율이 고객이 내고 싶은 액수보다 높게 책정되는 경우가 종종 있다. 고객들은 종업원이나 계산원 앞에서 원치 않는 금액을 더 주어야만 하는 불필요한 사회적 압박감을 받는다. 또한 기존에 팁을 주지 않았던 카페나 패스트푸드 체인점에서도 이러한 포스 시스템을 도입하면서 팁을 주는 산업 분야가 점차 늘어나고 있다.

팁 문화에 대처하는 방법

미국에서는 누군가에게 대면으로 서비스를 제공받을 때 팁을 주어야 한다는 암묵적인 사회적 규칙이 존재하기 때문에, 팁을 남기지 않는다면 문제가 될 수 있다. 하지만 본인이 셀프서비스로 직접 가져다 먹는 곳이라면 팁을 남겨야 할 의무는 없다. 예를 들어 스타벅스에서 라테를 주문하고 계산할 때, 팁의 유무는 본인이 판단하면 된다. 팁을 남기고 가지 않는다고 기분 나빠 할 종업원은 거의 없을 것이다. 로마에 가면 로마법을 따라야 하듯이, 미국인들의 문화이니 아까운 생각이 들더라도 팁을 쥐야 할 때는 꼭 주도록 하는 것이 좋다. 그렇지 않으면 레스토랑을 나가는 등 뒤에서 중간 손가락을 치켜세우고 여러분을 배웅하는 종업원의 모습을 보게 될 수 있다.

미국인도 잘 모르는
요상한 미국 법-배회금지법

미국에는 우리가 이해할 수 없는 특이한 법들이 존재한다. 예를 들어 플로리다주에서는 수영복을 입고 노래를 하거나, 오후 6시 이후에 공공장소에서 방귀를 뀌는 행위가 불법이다. 또한 캔자스주에서는 맨손으로 물고기를 잡으면 법적인 처벌을 받을 수 있다.[*] 이러한 법들은 해당 주에만 적용되는 독특한 법들이지만, 미국 전역에서 생소함을 넘어 이상함을 느끼는 법들이 시행되고 있다. 그중 대표적인 것이 바로 '배회금지법Anti-loitering Law'이다. 이 법에 따르면, 공공장소에서 아무것도 안 하고 돌아다니면 체포될 수 있다.

---

[*] 각 주에 이러한 법들이 존재는 하지만, 이를 위반한다고 해서 실제로 처벌받는 경우는 극히 드물다.

배회(loitering), 잡상인 출입(soliciting), 구걸(panhandling) 금지 표지판

배회금지법은 무엇인가?

'로이터링^{loitering}'이란 특별한 목적 없이 공공장소에서 배회하는 행위를 말한다. 예를 들어 물건을 살 생각 없이 오랫동안 상점 주변을 돌아다니거나, 공원에서 멍하니 서 있거나 어슬렁거린다면 배회금지법에 따라 처벌받을 수 있다. 그렇다면 왜 이런 우스꽝스러운 법이 존재하는 걸까? 배회금지법이 제정된 이유는 잠재적으로 발생할 수 있는 범죄를 예방하기 위함이다. 뚜렷한 이유 없이 공공장소에서 어슬렁거리는 행동은 마약 거래나 괴롭힘^{harassment} 같은 범죄가 잠재적으로 행해질 수 있다는 인식에서 비롯된 것이다.

내가 미국에서 유학하던 시절, 알고 지내던 한국인 유학생으로부터 새벽에 다급한 전화를 받았다. 그 친구는 자신이 경찰에게 붙잡혀 현재 구치소에 감금되어 있으며 풀려나기 위해서는 보석금이 필요하다고 말했다. 나는 급히 ATM에서 현금을 인출하고 카운티 구치소로 가서 보석금을 지불한 뒤 그 유학생을 데리고 나왔다. 이후 무슨 이유로 경찰에 잡혀갔냐고 물어보았더니, 한밤중에 공부를 하다가 머리를 식히기 위해 기숙사 옆 공원에 나가 밤하늘의 별을 바라보고 있었는데 경찰이 다가와서 "혼자, 무엇을 하는 중이냐?"고 물었다고 한다. 그는 하늘의 별을 바라보는 것 말고는 다른 어떤 행위도 하지 않았다고 대답했는데, 경찰은 공원에서 아무것도 안 하고 가만히 서 있는 것은 불법이라고 말하고 그 유학생을 체포했다고 한다. 경찰은 한밤중에 공원을 배회하는 모습을 수상쩍게 생각하고 그가 잠재적으로 범죄를 저지를 수도 있다고 판단한 것이었다.

배회금지법은 어디에서 유래되었을까?

미국의 배회금지법은 영국의 '빈민구제법Poor Laws'에 기반을 두고 제정되었다. 1600년대 이후 영국은 거리를 배회하는 많은 실업자와 노숙자가 저지르는 범죄들로 인해 사회 불안이 극에 달했던 시기였다. 이를 해결하기 위해 영국 의회는 거리를 떠돌거나 배회하는 행위를 범죄로 규정하는 빈민구제법을 만들게 된다.

영국이 미국에 식민지를 건설할 때, 이러한 빈민구제법 같은 영국의 법적 체계가 미국에 그대로 도입되었다. 이 시기 미국에 있는 영국의 13개 식민지에서는 정당한 목적 없이 거리를 배회하거나 구걸하는 행위를 억제하기 위해 배회금지법을 제정했다.

당시 미국에 있던 영국의 식민지들은 경제적 안정을 유지하는 데

거리의 빈민들

정책의 주안점을 두고 있었으므로, 거리를 배회하거나 구걸하는 행위는 정책에 반하는 것으로 간주하였다. 초기 미국 식민지 정부는 배회금지법을 통해 잠재적인 범죄 예방과 사회 질서 유지를 도모하였고, 사람들의 생산 활동 참여를 장려하였다.

도전받고 있는 배회금지법

오늘날 배회금지법은 미국 다수의 지역에서 여전히 시행되고 있다. 그렇다면 어떤 행위가 배회금지법에 해당하는지 아닌지를 누가 판단할까? 바로 경찰이다. 이러한 판단 방식은 많은 시민의 반발을 불러일으켰다. 배회금지법이 경찰에 의해 자의적으로 해석되어 노숙자, 성소수자, 평화 시위에 참여하는 특정 집단에 악용될 소지가 있기 때문이다.

또한 갈 곳 없는 노숙자들은 공공장소에 남아 있을 수밖에 없다. 배회금지법을 통해 노숙자를 범죄자로 낙인을 찍는다면 이들은 반사회인으로 규정되어 공공 서비스에 대한 접근이 힘들어진다. 결국 노숙자들은 사회 안전망으로부터 벗어나게 되고, 그들이 처한 상황은 더욱 악화된다. 더 나아가 생활고로 인해 어쩔 수 없이 구걸하거나 집이 없어 이곳저곳 돌아다니는 행위들을 불법으로 규정하는 것은 빈곤을 범죄화시키는 부작용을 낳는다. 이는 미국 사회가 추구하는 사회적 평등의 가치에도 정면으로 배치된다.

배회금지법으로 처벌받지 않으려면 어떻게 해야 할까?

미국에 갔을 때 이 법으로 곤란한 상황을 겪지 않으려면 어떻게 해야 할까? 무엇보다도 상점이나 건물 또는 공공장소에서 'No loitering' 사인을 보게 된다면, 특별한 이유 없이 아무것도 하지 않은 채로 멍하게 서 있는 행위는 가급적 자제해야 할 것이다. 산책이나 운동을 하거나, 다른 사람들과 대화를 나누는 모습을 통해 범죄로 오해받을 만한 소지를 사전에 차단하는 것이 좋다. 여러분들 역시 그 유학생처럼 아무 죄도 없이 체포되어 구치소에 끌려가 머그샷이 찍힌 뒤에 보석금을 주고 풀려나와야 하는 황당한 상황에 직면할 수도 있기 때문이다. 다양한 인종과 문화가 미국에 공존하는 것만큼이나 우리가 몰랐던 다양한 법이 존재한다는 것을 잊지 말아야 하겠다.

스웨덴에서 시작되고
미국에서 대중화된 뷔페

미국 어느 도시를 가더라도 'All-You-Can-Eat Buffet(당신이 마음껏 먹을 수 있는 뷔페)'라는 간판을 볼 수 있다. 이 간판은 바로 우리가 아는 뷔페를 말한다. 비교적 저렴한 가격에 마음껏 즐길 수 있는 뷔페는 미국인들의 많은 사랑을 받아왔다. 대표적인 곳으로는 43개 주에 매장을 운영하고 있는 골든 코랄Golden Corral이 있다.

미국에서 뷔페는 어떻게 대중화되었을까? 이에 대한 답은 라스베이거스의 카지노 산업 발전과 이주민, 특히 중국계 이민자들의 직업 선택에서 찾아볼 수 있다. 현재 미국 내의 중국 식당은 40,000개이상 영업 중인 것으로 추산되는데, 맥도널드의 전 세계 매장 수가 36,000개인 것을 감안해 보면 얼마나 많은지 가늠할 수 있다. 그리고 미국 내 중국 식당 중의 상당수는 중식 뷔페로 운영된다.

미국으로 건너간 뷔페 문화

영어의 뷔페^{buffet}라는 단어는 프랑스어 'bufet'에서 유래된 말로, 12세기에는 '벤치' 또는 '의자'를 의미했는데 19세기 이후부터는 '사이드보드(방이나 홀의 측면에 배치된 테이블)에서 제공되는 식사'를 가리키는 말로 사용되었다.

뷔페의 기원은 16세기 스웨덴으로 거슬러 올라간다. 당시 스웨덴은 '스뫼르고스보르드^{smörgåsbord}'라고 불리는 뷔페 형식의 독특한 식사 문화를 가지고 있었다. 이는 손님들이 다양한 요리를 취향에 맞게 선택해서 먹는 방식으로 오늘날 우리가 아는 뷔페의 초기 형태였다.

스웨덴에서 유래된 뷔페 문화가 미국으로 전파되는 데에는 두 가지 대표적인 계기가 있었다. 첫 번째 계기는 1912년 스웨덴 스톡홀름 올림픽이다. 올림픽이 개최되고 이를 관람하기 위해 세계 각국의 관광객들이 스톡홀름을 찾았는데 많은 인파가 몰리자 이 지역 식당

스뫼르고스보르드

엔 작은 문제점 하나가 생겨났다. 식사 시간이 되자 관광객들이 한꺼번에 식당 안으로 밀려들게 되는 것이었다. 전통적인 방식인 웨이터를 통한 면대면 서비스로는 손님들의 요구를 모두 감당해 낼 수 없었다. 식당의 주인들은 이에 대한 묘안으로 손님들이 각자 취향에 맞는 음식을 선택해서 먹는 스뫼르고스보르드 방식을 채택했다. 미국의 선수들과 관광객들은 이때 처음으로 뷔페 문화를 접하게 되었다.

두 번째 계기는 1939년 뉴욕에서 열린 세계박람회다. 스웨덴 전시관에 있던 스리크라운스Three Crowns라는 레스토랑은 스뫼르고스보르드 방식으로 음식을 제공했으며, 이를 계기로 뷔페는 자연스럽게 미국에 전파되었다. 참고로 한국 최초의 뷔페 또한 1958년 국립의료원에 북유럽 의료진을 위해 마련된 '스칸디나비안클럽'에서 시작되었다.

뷔페를 대중화시킨 라스베이거스 카지노

미국식 뷔페는 1950년대 이후 라스베이거스의 카지노와 함께 본격적으로 성장했다. 라스베이거스의 뷔페는 처음에는 카지노를 찾는 사람들을 위한 합리적인 식사 옵션으로 인기를 끌었다. 마음껏 먹을 수 있는 뷔페 방식을 도입함으로써, 고객들이 정해진 가격에 다양한 종류의 음식을 즐길 수 있도록 했다. 초기 카지노 뷔페에서는 프라이드치킨, 매시트포테이토, 파이 등 다양한 미국 가정식을 제공했는데 라스베이거스가 엔터테인먼트 및 관광 명소로 발전함에 따라 전통적인 미국 요리뿐만 아니라 다양한 종류의 요리를 내

놓기 시작했다.

　이를 선구적으로 이끈 사람이 라스베이거스 엔터테인먼트 매니저였던 허버트 코브 맥도널드Herbert Cobb McDonald이다. 그는 1956년에 'all-you-can-eat buffet'를 도입하여, 고객들이 샐러드, 해산물, 콜드 컷Cold Cut* 중에서 취향에 맞게 마음껏 먹을 수 있도록 버커루 뷔페Buckaroo Buffet를 만들었다.

　그렇다면 카지노에서 뷔페를 도입한 목적은 무엇이었을까? 이는 사람들을 카지노 안에 더 오래 머물게 하고 테이블 게임과 슬롯머신에 더 많은 돈을 쓰게 하려는 목적에서 비롯되었다. 이후 카지노 및 관광 산업이 폭발적으로 성장해 나감에 따라, 라스베이거스에는 프리미엄 해산물과 와인 등을 제공하는 고급 뷔페들이 점차 늘어나기

1950년대 라스베이거스 호텔 뷔페 엽서

＊　고기를 갈아 소시지처럼 케이싱을 씌워 만든 햄

시작했다.

이후 미국식 뷔페는 50개 주 전역으로 확대되었으며, 1980년대에 들어서는 그 인기가 절정에 이르렀다. 당시의 텔레비전 광고들이 1980년대 뷔페 문화 보급에 주된 영향을 끼쳤다. 가족 단위 손님들이 긴 테이블 위의 다채로운 요리를 가져다 맛있게 먹는 광고 속 모습은 뷔페에서 제공하는 음식이 얼마나 다양한지 보여 주고 뷔페에서의 식사가 매우 즐겁다는 것을 느끼게 했다. 또한 자막과 내레이션을 통해 고정된 가격으로 푸짐한 음식들을 만끽할 수 있는 뷔페의 경제성을 광고하고, 접객원을 통해야만 하는 기존의 면대면 서비스와는 차별화된 뷔페식 식사 방식의 신속함과 편의성을 강조했다. 어느 뷔페의 광고에서는 제공되는 요리의 문화적 다양성을 부각하여 뷔페가 다문화에 기반을 둔 미국 소비자들의 광범위한 취향을 충족시키는 합리적 선택지라는 점을 어필하기도 했다.

중식 뷔페가 인기를 이어가다
중국 이민자들은 19세기부터 미국에 들어오기 시작했으며, 그들 중 다수는 캘리포니아 골드러시Gold Rush 시기에 샌프란시스코에 정착했다. 100년이 넘는 기간 동안 미국 중식당 업계는 광둥성 출신 중국계 미국인들이 주축이 되어 이끌어 왔는데, 1990년대에 들어와서는 중국식 뷔페가 급격히 성장하게 되었다.

미국의 중식당 초창기 메뉴는 주로 전통적인 단품 요리였지만, 점점 미국인들의 입맛에 맞춘 퓨전 요리를 주로 선보이기 시작했다. 미

중식 뷔페

국에서 현지화시킨 대표적인 중국 음식으로 북미식 탕수육, 완탕 수프, 제너럴 초스 치킨 등을 들 수 있다. 이후 이민 2, 3세대가 전문직과 화이트칼라 직군으로 진출하면서 광둥성 출신 중국계 이민 1세대들이 주를 이루었던 중국 요식업 분야는 쇠퇴하게 되었다. 이렇듯 쇠락하던 중국 식당은 푸젠성 출신 중국계 이민자들이 인수하였고 중식 뷔페의 대중화를 이끌었다.

푸젠성 출신들의 대다수는 일자리 기회를 찾아서 또는 중국 정부의 정치적 박해를 피해 미국으로 건너왔다. 그들 중 많은 이가 뉴욕에 정착했으며, 다수가 레스토랑 업계에 진출하여 일자리를 얻거나 사업을 했다. 제한된 영어 구사 능력을 지닌 이들에게 요식업은 창업과 취업의 진입 장벽이 낮은 분야 중 하나였다. 이들이 뷔페에 관심을 보인 이유 또한 미국 고객들과 영어로 대화하는 상황을 상대적으로 줄일 수 있었기 때문이었다.

뉴욕에서의 경쟁이 뜨거워지자 중국계 이민자들은 다른 지역으로도 눈길을 돌렸으며, 점차 미국 전역에 중식당과 중식 뷔페가 퍼져 나가게 되었다. 식당에서 일하는 대다수의 푸젠성 출신 종업원들은 자신의 식당을 소유하는 꿈을 가지고 있었는데, 이들은 향후 독립하여 중국인들이 거주하지 않는 외딴 지역에서 가게를 열기도 했다.

2000년대 이후부터 중식 뷔페는 음식의 다양화를 추구하며, 중국 요리 외에 스시, 몽골식 바비큐, 한식 등을 함께 제공했다. 이는 미국인들이 중식에 대해 가지고 있는 저렴하지만 질이 떨어진다는 인식을 변화시키려는 노력에서 비롯되었다.

이처럼 중국 이민자들은 요식업계에서 일자리를 찾았으며, 다양한 요리를 제공할 수 있는 뷔페 형태로의 업종 전환을 통해 미국 뷔페 문화의 대중화에 기여했다.

팬데믹 이후 뷔페의 쇠퇴

팬데믹 동안 뷔페는 감염에 대한 우려로 인해 불황을 겪게 되었다. 코로나19 전염병이 퍼지는 상황에서 뷔페의 공동 식사 용기와 뷔페 시설의 개방적인 특성이 세균 번식지가 될 수 있다는 우려를 불러일으켰다. 이로 인해 뷔페에 대한 소비자 신뢰도가 급격히 추락하였으며, 뷔페 이용자 수가 현저히 감소하게 되었다.

팬데믹에 이외에도 뷔페 산업의 위기를 초래한 몇 가지 요인들이 있다. 첫 번째는 뷔페에 대한 이용 고객의 선호도가 변했다는 점이다. 현대인들은 건강에 대한 의식이 높아지고, 자신들이 먹는 음식의 영양 성분에 대해 이전 세대들에 비해 더 깊은 관심을 가지기 시작했다. 이들은 불필요할 정도로 과도한 양의 음식 섭취가 자신들의 건강을 해칠 수 있다는 인식을 갖게 되었으며, 이에 따라 점점 뷔페를 기피하는 경향을 보이게 되었다. 두 번째 뷔페 산업의 몰락 요인으로는 수익 대비 과다한 노동 비용 상승과 음식 낭비를 들 수 있다. 뷔페를 운영하기 위해서는 음식을 진열하고, 요리를 보충하며, 음식을 청결히 관리하는 데에 상당한 노동력이 필요하다. 인건비 상승은 뷔페 운영의 수익성을 악화시키는 결과를 초래했다. 게다가 뷔페에서는 고객들이 자신이 실제 먹는 양보다 음식을 더 많이 가져가는 경우가 빈번하며, 이로 인해 남겨진 음식은 또 다른 수익성 악화의 요인이 된다. 결국 현대인의 식습관 변화와 인건비 상승으로 인한 수익성 악화가 맞물려 현재 뷔페 산업은 힘든 시기를 겪고 있다.

미국 화장실 문은
왜 발이 보이도록 만들었을까?

세계를 여행하다 보면 나라마다 화장실 문화가 다르다는 것을 알게 된다. 예를 들어, 유럽의 여러 나라에서는 공중화장실을 이용하기 위해서 반드시 요금을 내야 하는 경우가 많다. 또, 지금은 많이 바뀌었지만 예전 중국의 공중화장실은 가림막이 설치되어 있지 않아 볼일을 보다가 사람들이 지나다니는 모습을 봐야 하는 민망함도 겪어야 했다.

　그렇다면 미국의 공중화장실은 어떤 특징을 가지고 있을까? 처음 미국에 갔다면, 공중화장실을 이용할 때 한국과 다른 점을 하나 발견하고 놀랄 수 있을 것이다. 그것은 바로 화장실 칸막이 문 아래가 뻥 뚫려 있어, 사용 중인 사람의 신발 신은 모습을 밖에서도 볼 수 있다는 점이다. 여기에는 어떤 이유가 담겨 있을까? 당황스러울 수도 있

미국 공중화장실

는 이 화장실 문은 실은 사회적 배려, 청결 유지, 편의성 그리고 범죄 예방을 목적으로 만들어졌다.

사회적 배려가 담겨 있다 화장실 문 아래의 넓은 틈은 몸이 불편한 장애인들에 대한 배려가 담겨 있다. 손을 사용하기 어려운 사람들이 발을 사용하여 문을 열거나 닫을 수 있기 때문이다. 또한 화장실 안에서 볼일 보던 사람이 위급한 상황에 처한 경우, 밖에 있는 사람들이 이러한 상황을 금방 파악할 수 있어 필요한 응급조치를 신속히 취할 수 있다. 최근 연구에 따르면 화장실 관련 부상이 병원 응급실 내원 환자의 1퍼센트를 차지하고 있으며, 그중 80퍼센트는 낙상으로 인해 발생했다. 그러므로 이러한 화장실 문 설계는 화장실 이용자의 응급 상황을 빠르게 알아차리고 대처하고자 하는 사회적 배려가 담겨 있는 것이다.

청결 유지에 효과적이다

이 화장실 문은 청결을 유지하는 데에도 도움을 준다. 공중화장실은 사용자가 많기 때문에 하루에도 몇 번씩 청소를 해야 한다. 문 밑에 공간이 있으면 청소하기가 훨씬 쉬워지며, 개방된 공간을 통해 공기가 순환되기 때문에 화장실의 불쾌한 냄새를 제거하는 데에도 효과적이다.

편의성이 있다

사용자는 화장실 문 아래 틈을 통해 비어 있는 칸을 쉽게 확인할 수 있으므로 노크를 하거나 문을 밀어 보는 불필요한 확인을 하지 않아도 된다. 이러한 이점은 비단 화장실을 사용하고자 하는 사람에게만 국한되지 않는다. 누구나 한 번쯤은 화장실에서 볼일을 보고 있을 때, 안에 사람이 없는 줄 알고 문을 잡아당기는 사람들로 인해 당황스러움을 느껴본 적이 있을 것이다. 문 아래 넓은 틈 덕분에 화장실을 사용 중이던 사람 또한 안에 사람이 있다는 신호를 따로 보낼 필요가 없다.

범죄 예방에 도움을 준다

이 문은 또한 범죄 예방에 도움을 준다. 문 아래 넓은 틈을 통해 보안 담당자와 청소부들은 마약 사용, 폭력, 성행위와 같은 부적절한 행위들이 벌어지는지를 쉽게 확인할 수 있다. 이와 관련된 범법 행위의 대표적인 예가 래리 크레이그Larry Craig의 스캔들이다. 2007년 6월 미네소타주 세인트폴 국제공항에서 당시 상원의원이었던 크레이그는 성적으로 부적절한 행위를 시도하다 잠복 경찰에 의해 체포됐다. 이후 그는 '치안 문란 행위'로 기소되었다.

이렇듯 공중화장실만 가더라도 우리와 다른 미국 문화를 엿볼 수 있다. 미국 화장실은 문 아래 틈이 넓어 한국 화장실에 비해 프라이버시 유지가 힘들다. 이러한 특징으로 인해 처음에는 불편을 겪을 수 있지만, 생활하다 보면 적응하게 된다. 미국 공중화장실을 이용하게 된다면, 문 밑 넓은 틈에 담겨 있는 다양한 특징들을 떠올려 보길 바란다. 이를 통해 또 다른 문화적 재미를 느껴볼 수 있을 것이다.

부자 나라 미국에는
왜 이렇게 노숙자가 많은 것일까?

로스앤젤레스, 샌프란시스코, 필라델피아 같은 대도시들을 걷다 보면 많은 노숙자가 거리에서 생활하는 모습을 어렵지 않게 볼 수 있다. 도심지를 뒤덮고 있는 노숙자 천막, 거리의 쓰레기와 오물로 인한 악취 등은 우리가 기대했던 미국의 대도시 이미지와 전혀 다른 모습이며, 이러한 광경을 처음 접한 외국인 관광객들은 놀라움을 넘어 충격을 받기도 한다. 미국 주민들 역시 이러한 노숙자들로 인해 발생하는 무질서, 마약, 범죄 등으로 인해 안전에 많은 위협을 느끼기도 한다. 그렇다면 대도시를 떠도는 노숙자들이 증가하게 된 배경은 무엇일까? 주된 이유는 감당할 수 없는 주택 가격과 임대료 상승 그리고 '탈시설화Deinstitutionalization' 때문이다.

주택 가격과 렌트비의 상승

미국 주택도시개발부에 따르면 2023년 기준 미국의 노숙자 수는 65만 3천 명이 넘으며, 이는 전년도에 비해 12퍼센트(약 7만 명)나 증가한 수치다. 이렇듯 노숙자가 증가한 중요한 요인은 저렴한 주택의 공급 부족 때문이다. 대도시 지역을 중심으로 주택 수요가 크게 증가하면서 부동산 가치와 임대료 또한 상승했지만 저소득층과 중산층의 임금은 그 속도를 따라가지 못했다. 이 때문에 주거비를 포함한 생활비를 감당할 수 없는 사람들이 점점 더 많아졌고 이들 중 상당수가 노숙자가 되었다.

노숙자들은 특히 집값이 높은 동서부 지역 도시들에 밀집되어 있다. 동부인 뉴욕 아파트의 평균 월 렌트비는 2,000달러이고, 특히 맨해튼 같은 중심지는 4,000달러 이상까지 올라간다. 서부인 캘리포니아의 원룸형 아파트의 평균 월 임대료는 2,200달러나 되는데, 캘리포니아의 1인당 노숙자 비율은 남부에 위치한 텍사스의 5배에 달한

거리의 노숙자들

다. 2023년 부동산 회사인 질로우Zillow가 조사한 설문에 따르면, 노숙자들이 노숙자가 되기 전 6개월 동안의 한 달 평균 소득은 960달러에 불과했다. 이렇듯 노동 시장의 사회 구성원이 길거리 노숙자로 전락한 근본적인 이유를 감당할 수 없는 임대료 상승에서 찾아볼 수 있다.

그렇다면 임대료 상승을 부채질한 요인은 무엇일까? 이는 '젠트리피케이션Gentrification'에 기인한다. 젠트리피케이션이란 일반적으로 저소득층이 사는 지역에 고소득 계층이 이주해 오면서, 해당 지역의 부동산 가치가 상승하고, 재개발이 진행되어 기존 거주민들이 밀려나게 되는 현상을 말한다. 이러한 재개발 과정으로 인해 경제적으로 취약한 이들은 거주지에서 더 이상 머물 수 없게 되어 일부는 노숙자로 전락하게 되었다.

젠트리피케이션을 비판하는 벽화

탈시설화 2020년 주택도시개발부의 노숙자 평가 보고서에 따르면, 노숙자 중 약 26만 명이 심각한 정신 질환이나 약물 남용 문제를 겪고 있다고 한다. 이러한 문제의 근본 원인은 '탈시설화'에 기인한 것이라는 시각이 지배적이다. 탈시설화란 지역 사회가 정신 질환을 겪는 사람들을 공공시설에서 치료받을 수 있도록 지원하여, 이들을 사회로 다시 복귀시키는 것을 말한다. 이전에는 정신 질환이 있는 환자들을 장기간 정신병원에 수용했는데, 이는 종종 환자들의 사회적 고립과 인권 침해 문제를 초래했다.

지역 사회가 주도하는 탈시설화는 잠재적 문제들을 노출하며 부정적인 결과를 낳았다. 탈시설화된 환자 중 일부가 지역 사회의 부족한 지원 시스템으로 인해 적절한 돌봄과 치료를 받지 못한 채 거리로 내몰리면서, 예상치 못한 사회 문제들이 발생했다. 노숙자로 전락한 이들은 타인에게 해를 끼치거나 물건을 훔치는 범죄를 일으켰다. 또한 건강한 노숙인들도 열악한 거리 생활에서 오는 스트레스로 인해 약물의 유혹에 빠져 결국 장기 노숙의 틀에 갇혀버리게 되었다.

왜 노숙자들은 취업의 어려움을 겪을까? 그렇다면 '노숙에서 벗어나기 위해 경제 활동을 하면 될 것 아닌가?' 하고 생각할 수 있을 것이다. 하지만 노숙자들은 직업을 구하고 싶어도 현실적인 어려움들에 직면하게 된다.

먼저, 우편물을 받을 수 있는 거주지가 없다면 구직 활동 자체 힘들다. 고용주에게는 회계 및 세무 처리를 위해 고용한 직원의 영구적인 거주지가 필요하기 때문에 거주지가 불명확한 지원자의 면접을 기피하는 경향이 있다. 또 대다수의 노숙자는 차량을 소유하고 있지 않아 대중교통에 의존해야 하는데, 미국 대도시들은 대중교통 시스템이 잘 갖추어져 있지 않아 면접을 보거나 통근하는 데에도 어려움을 겪을 수 있다. 그리고 샤워 시설과 세탁실의 부재로 기본적인 위생 상태를 유지하기 어려워 면접에서 불이익을 받을 수 있다.

무엇보다 '노숙자'라는 차별적 시선은 노숙자들이 자신들의 역량을 발휘해 삶을 향상시킬 수 있는 기회마저도 박탈시키고 있다. 결국 경제적 기반을 마련하지 못한 노숙자들은 열악한 거리 환경에 고립되는 악순환에 빠질 수밖에 없다.

저렴한 주택 공급 부족 미국은 노숙자 문제를 해결하기 위해 주택을 더 저렴하게 공급해야 하지만, 코로나 이후 주택 공급은 사상 최저 수준을 나타내고 있다. 공급 부족과 인플레이션 그리고 금리 상승으로 인한 주택 가격 상승은 특히 저소득 가구들의 주택 구매 장벽을 높이고 있다. 또한 주택담보대출 금리 상승으로 주택 구매력이 감소하면서 2022년 하반기 단독 주택 건설 속도 역시 급격히 둔화되었다. 이에 더해 토지 비용과 건축 자재비 상승 등은 주택 건설업자들이 저렴한 주택을 건설하는 것을 어렵게 만들고 있다. 이처럼 노숙자 문제를 해결하기 위해 저렴한 주택을 공급하는 문제는 넘어야 할 산이 많다.

집Home 없는 노숙자Homeless

누군가는 노숙자들에게 부족한 것은 하우스가 아니라 홈이라고 말한다. 하우스는 외부 환경으로부터 사람을 보호해 주는 물리적 구조물이다. 반면 홈은 가족이 한 장소에서 함께 생활함으로써 형성된 사회적 단위로 기쁠 때나 슬플 때나 서로를 보살펴 주는 가족 관계에 기반을 두고 있다. 그러므로 노숙자 문제의 근본적인 해결책은 이들에게 홈이라는 안전망을 제공하는 것이다.

미국의 높은 의료비 원인은
무엇일까?

―――

나는 외국인들의 시선에서 바라본 한국은 어떤 모습일지 궁금하여 동료 미국인 교수에게 그녀의 한국 생활에 관해 물어본 적이 있다. 그녀는 한국의 안정된 치안이나 다양한 먹거리 문화에 만족하면서도 가장 마음에 드는 점으로 저렴하지만 높은 수준의 의료 서비스 혜택을 꼽았다. 그녀의 남편은 몸이 좋지 않아 한국에서 여러 차례 수술을 받아야 했는데, 만약 미국이었다면 비싼 수술비로 인해 본인 가족은 아마 파산 위기에 처했을지 모른다고 말했다. 나는 "선진국인 미국에서 합리적 비용에 수준 높은 의료 서비스를 받을 수 있지 않느냐?"라고 물어보았다. 그러자 그녀는 말이 끝나기도 전에 단호하게 "No"라고 말했다. 그녀는 현재 미국으로 돌아가고 싶어도 과도한 의료비 부담으로 인해 가능한 한 오랫동안 한국에 머무르고 싶다는 속

내를 밝혔다. 그녀의 이러한 말은 과장이 아니다. 실제 미국인들의 파산 원인 중 상당한 비중을 차지하는 것이 바로 의료비이다. 2019년 한 연구에 따르면 전체 파산의 66.5퍼센트가 높은 의료비를 감당하지 못해 발생한 것으로 나타났다. 그렇다면 미국의 의료 비용이 비싼 이유는 무엇일까? 그 이유를 미국의 의료 보험 체계, 의료 시스템, 그리고 비싼 약값에서 찾아볼 수 있다.

미국의 의료 보험 체계 미국은 선진국 중 보편적 의료 시스템a system of universal healthcare을 제공하지 않는 유일한 나라이다. 의료 보험을 정부가 아닌 민간에서 제공하다 보니, 다른 나라들에 비해 의료 보험료가 비쌀 수밖에 없다.* 2021년 미국은 국내총생산GDP의 17.8퍼센트를 의료비에 지출했는데, 이는 OECD 국가들 평균과 비교해 볼 때, 거의 두 배에 이르는 수치이다. 미국의 1인당 의료비 지출은 독일보다 거의 2배가 높고, 한국보다 4배가 높다. 이처럼 과도한 의료비 부담으로 인해 미국 인구의 상당수가 건강 보험에 가입하지 않고 있다. 그러다 보니 질병에 걸리거나 상해를 입더라도 천문학적인 병원비로 인해 치료를 받지 못해 사망하는 환자 수 또한 적지 않다.

---

*   그렇다고 정부가 제공하는 공공의료 서비스 혜택이 전혀 없는 것은 아니다. 연방 정부와 주 정부는 65세 이상 노인, 저소득층, 장애인 그리고 사회 취약 계층 보호를 위한 메디케어(Medicare)와 메디케이드(Medicaid) 같은 공공 의료 지원 프로그램을 운영 중이기는 하다.

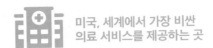

미국, 세계에서 가장 비싼
의료 서비스를 제공하는 곳

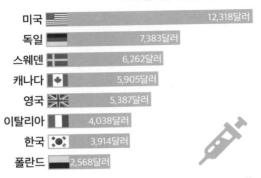

2021년 기준 국가별 1인당 의료비

국가	1인당 의료비
미국	12,318달러
독일	7,383달러
스웨덴	6,262달러
캐나다	5,905달러
영국	5,387달러
이탈리아	4,038달러
한국	3,914달러
폴란드	2,568달러

국가 보험과 민간 의료 보험 금액 포함

2021년 OECD 국가별 1인당 의료비 지출(출처: OECD)

일반적으로 미국인들은 고용주가 지원하는 민간 의료 보험을 통해 의료 혜택을 받고 있다. 이러한 민간 보험은 가입 조건이 까다롭다. 소득 수준, 연령, 건강 상태, 거주 지역에 따라 보험료가 달라지며, 과거 병력이 있거나 흡연자인 경우 보험료는 높아진다.

이윤을 추구하는 보험사들이 만든 복잡하고 다양한 민간 의료 시스템(의료비 청구, 관리, 심사)은 높은 행정 비용을 발생시킨다. 이에 반해 보편적 의료 시스템을 구축한 국가들은 정부에 의해 시스템이 통합 운영되기 때문에 의료비와 관련된 행정 절차가 간소하다. 결국 미국의 다양한 민간 보험사들이 제공하는 복잡한 의료 보험 체계는 많은 행정 비용을 발생시키고 있으며, 이는 미국의 의료비 상승을 부추겼다. 지난 20년 동안 행정 비용이 전체 의료비 지출의 약 15~25퍼센트를 차지하고 있다는 통계 자료가 이를 뒷받침한다.

한편, 미국의 의료 시스템은 민간 시장 경쟁에 의해 주도된다. 미국은 우리나라와는 다르게 의료 수가에 대한 법적 기준이 마련되어 있지 않아 병원들이 의료비를 자유롭게 산정할 수 있다. 하지만 청구된 의료비와 실제 지불해야 하는 금액은 다를 수 있다. 이는 미국의 의료비 청구 및 보험 시스템의 복잡성으로 인해 발생하는 현상 중 하나이다. 최종 지불 금액은 의료 기관과 보험회사 간의 협상을 통해 결정되는데, 통상적으로 청구 금액의 1/3에서 1/10까지 조정된다. 그러므로 최초 청구되는 의료비는 상당히 높게 책정되는 경향이 있다.

의료비 지출이 높은 까닭은 연구개발비 때문이다. 미국은 선진 의료 기술에 많은 투자를 하여 다양한 진단 방법 및 혁신적인 치료법을 개발하는 성과를 거두고 있다. 이처럼 미국의 의료 제도는 미국인들에게 양날의 검이다. 선진화된 치료법을 통해 수준 높은 의료 서비스를 제공받을 수 있지만 동시에 이러한 질 높은 의료 서비스는 환자의 의료비 부담을 증가시키는 원인이 된다.

약값이 비싼 이유는 무엇일까? 의료비 상승을 유발하는 또 다른 요인은 비싼 약값에서 찾을 수 있다. 제약 회사들은 신약을 출시할 때 연구 개발 및 임상 시험 비용 등을 고려하여 약값을 책정한다. 일반적으로 신약은 특허 보호 기간 동안 이를 대체할 만한 경쟁 약이 없기 때문에 높은 가격을 유지하게 된다. 또한 미국에서는 다른 선진국들에 비해 정부나 의료 보험사가 의약품 가격 책정에 거의 개입하지 않을뿐더러 제약 회사들은 의약품의 홍보 및 광고에 막대한 비용을 지출한다. 이러한 비용들이 약값에 반영되어 궁극적으로 의료비 증가를 견인하는 요인으로 작용한다.

**너무
우려하지 않아도
되는 이유**

그렇다면 미국인들은 이렇게 높은 병원비를 어떻게 감당하고 있을까? 보험에 가입되어 있는 대다수의 미국인은 보험 계약에 연간 본인이 지불해야 하는 의료비 한도가 정해져 있다. 청구되는 의료비 총액에서 본인 부담금 한도를 제외한 나머지 금액을 보험사가 부담하기 때문에, 실제 본인이 지불하는 의료비가 적다. 예를 들어 수술을 받는 데 3억 원가량의 비용이 들었다면, 가입된 보험의 보장 특약에 따라 보험 계약자가 실제 지출하는 비용은 몇백만 원 내외가 될 것이다. 하지만 보험 자격을 상실하게 되면 곤란한 상황에 처할 수 있다.

2018년 한 유학생이 그랜드 캐니언을 여행하다 다친 적이 있는데, 당시 그는 보험에 가입되어 있지 않은 상태여서 치료가 끝난 뒤 100만 달러의 청구서를 받아야 했다. 그러므로 혹시 미국을 방문할 기회가 있다면 여행자 보험은 필수로 들어 두는 것이 좋다. 유학생의 경우라면 의무적으로 의료 보험에 가입되어 있어 큰 걱정을 할 필요는 없을 것이다. 그러나 무엇보다 중요한 것은 의료비를 지출할 상황을 만들지 않도록 건강 관리에 신경 쓰는 것이다.

미국인들은 왜 케이크나 도넛 같은
단 음식을 즐길까?

———

많은 한국인이 미국에 가면 느끼는 것 중 하나가 미국 케이크와 도넛이 지나치게 달다는 점이다. 먹으면 당장이라도 성인병에 걸릴 것 같은 이런 단 음식을 미국인들이 좋아하는 이유는 무엇일까? 미국인들이 설탕이 듬뿍 들어간 파이·케이크·사탕을 즐기는 이유는 역사적, 문화적, 생리학적 특징들에 기인한다.

미국 역사에 큰 역할을 한 설탕   미국에서 설탕의 역사는 식민주의, 노예제도, 무역, 그리고 경제 발전과 관련되어 있다. 이러한 설탕에 담긴 역사적인 배경을 아는 것은 오늘날 미국인들의 음식에 설탕이 차지하는 중요성을 이해하는 데에 도움을 준다.

식민 지배 기간 동안 미국과 유럽에서 설탕은 사치품이었다. 당시

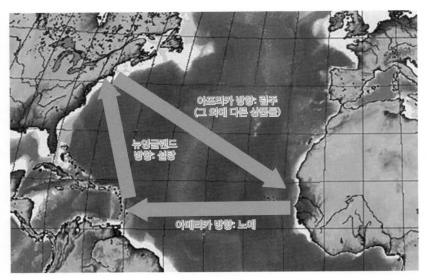

아프리카 방향: 럼주
(그 외에 다른 상품들)

뉴잉글랜드
방향: 설탕

아메리카 방향: 노예

삼각 무역 루트

설탕은 아프리카인들이 노예로 끌려와 일하던 카리브해 사탕수수 농장에서 주로 생산되었다. 사탕수수 재배는 노동 집약적이었기 때문에, 설탕은 부유한 사람들만이 향유할 수 있는 고가의 상품이었다. 이러한 이유로 설탕 소비는 곧 사회적 지위와 부유함을 상징했다.

이후 설탕에 대한 수요 증가는 유럽, 아프리카, 아메리카를 잇는 삼각 무역 루트의 발전을 이끌었다. 유럽의 배는 직물, 화기, 그리고 여러 공산품을 아프리카로 운반하고, 이러한 상품을 아프리카 노예와 교환했다. 이렇게 구매된 노예들은 카리브해로 보내져 사탕수수 농장에서 일해야 했으며, 이들의 노동력을 통해 생산된 설탕은 유럽과 미국 식민지로 운송되었다. 이러한 삼각 무역을 통해 대서양 노예 무역이 번창하게 되었다.

1915년 미국 설탕 공장

　19세기 산업혁명을 계기로 혁신적인 식품 제조 방식이 도입되면서 설탕의 가공과 포장 효율성이 높아지게 되었고, 이제는 일반 시민들도 설탕에 쉽게 접근할 수 있게 되었다. 게다가 육체노동을 대체하는 증기 기관의 등장은 설탕 생산의 효율성을 증가시켰을 뿐만 아니라 사탕수수를 가공하는 비용을 감소시켰다. 산업혁명은 또한 설탕 생산 공정의 표준화를 가능하게 하여 설탕의 품질과 맛이 일관되게 유지되었다. 그리하여 소비자들의 설탕 구매 욕구는 더욱 높아지게 되었다.

　더 나아가 대량 생산 기술이 접목되어 이전과는 비교가 되지 않을 정도로 많은 설탕을 생산할 수 있게 되었다. 이는 결국 규모의 경제로 이어져 설탕 가격이 저렴할 수 있는 계기를 마련해 주었고, 궁극적으로 다양한 당류 제품이 개발되는 결과를 낳았다. 설탕은 감미료 뿐만 아니라 가공식품 및 음료의 방부제 성분으로도 사용되었으며, 이러한 설탕 관련 제품의 다양화는 설탕 소비의 대중화를 이끌었다.

단 음식을 즐기는 미국의 기념일　오늘날 설탕은 전통적인 미국 음식으로 여겨지는 디저트, 페이스트리, 그리고 달콤한 간식들의 발전에 기여했다. 미국인들은 핼러윈, 추수감사절, 크리스마스, 부활절에 달콤한 간식을 즐기는 전통을 세대에 걸쳐 이어 나가고 있다.

핼러윈: 단것과 연관성을 지닌 대표적인 휴일이다. 아이들과 어른들 모두 핼러윈 의상을 입고 이웃들로부터 사탕과 다른 달콤한 간식을 모으는 '트릭 오어 트릿trick or treat'을 즐긴다. 이러한 전통은 핼러윈의 상징이 되었다.

추수감사절: 가족들과 친구들이 함께 모여 풍성한 식사를 즐긴다. 이때 즐겨 먹는 호박파이, 피칸파이, 고구마파이는 오랜 세월 동안 이어져 내려온 추수감사절의 전통적인 간식이다.

크리스마스: 가족들이 모여 종종 쿠키나 케이크를 굽는다. 진저브레드, 크리스마스 케이크와 쿠키는 크리스마스를 기념하는 대표적인 간식이다.

부활절: 초콜릿, 젤리빈, 그리고 다른 단것들로 가득 찬 부활절 바구니는 부활절 기념행사에서 흔히 볼 수 있는 광경이다. 부활절 토끼

핼러윈 사탕

추수감사절 파이

크리스마스 케이크

부활절 사탕 바구니

는 부활절 일요일에 어린이들에게 달콤한 사탕이나 젤리를 나누어 주는 유명한 상징이다.

마케팅과 광고의 역할　식품 업계의 공격적인 마케팅과 광고는 설탕이 함유된 제품을 더욱 매력적으로 만드는 데에 기여했다. 광고들은 주요 소비층인 어린이들의 관심을 끌기 위해 애니메이션 캐릭터, 기억하기 쉬운 짤막한 광고, 그리고 재미있는 스토리텔링을 사용했다. 이러한 광고에는 어릴 때부터 브랜드 충성도를 확립시키고자 하는 광고주의 의도가 담겨 있었다. 사탕, 젤리, 초콜

M&M 광고에 등장하는 캐릭터

릿 제품 광고에 일찍 노출된 어린이들은 특정 브랜드에 대한 선호도를 가지게 되며, 이는 평생의 소비 습관으로 이어질 수 있다. 이에 광고주들은 제품 광고에 만화나 비디오 게임에 나오는 친숙한 캐릭터를 사용함으로써, 아이들의 관심을 사로잡았다. 또한 광고주들은 광고에 등장한 캐릭터와 제품 사이에 강한 연관성을 부여함으로써, 아이들과 제품 사이에 정서적 유대 관계 형성에 심혈을 기울였다.

광고는 아이들의 심리를 반영한 광고 전략을 구사한다. 특히 달콤한 간식들이 행복, 축하, 그리고 보상의 감정과 연관되어 있으며 이 제품을 소비하면 행복을 가져다줄 것이라는 이미지를 구축하도록 힘써 왔다. 그리하여 아이들이 지닌 '성가신 힘Pester Power'*은 부모의

★ '성가신 힘'이란 어린 자녀가 부모나 어른들에게 물건을 사 달라고 끊임없이 조르는 행위를 뜻한다. 이 용어는 어린이가 원하는 상품이나 경품을 얻기 위해 부모나 어른을 괴롭히고 압박하는 힘을 나타낸다.

달콤한 간식 구매 결정에 영향을 미치게 되었다. 이는 아이들이 광고에서 본 사탕이나 젤리 구매를 반복적으로 요청하면, 부모들이 해당 제품을 구매할 가능성이 높아진다는 점을 노린 마케팅 전략이었다.

생리학적 요인 미국인을 비롯한 많은 이가 단 음식을 즐기는 이유는 생리학적 요인에서도 찾을 수 있다. 사람들은 스트레스를 해소하거나 자신에게 보상을 주기 위한 방법으로 달콤한 간식을 선호하는 경향이 있다. 초콜릿, 쿠키, 아이스크림 등은 따뜻함, 향수, 그리고 위로의 감정을 불러일으키기 때문에 종종 '위안을 주는 음식comfort food'이라고 불린다. 단맛이 나는 음식 섭취는 스트레스나 슬픔 속에서 일시적인 안도감을 제공할 수 있다. 실제로 당분이 함유된 음식을 먹게 되면 우리 뇌는 기쁨과 행복의 감정과 관련된 세로토닌과 도파민 같은 신경 전달 물질을 배출하여 잠시나마 기분이 좋아지는 효과를 누릴 수 있다. 이로 인해 사람들은 종종 스트레스 완화나 우울한 기분에서 벗어나고자 할 때 달콤한 음식을 섭취하는 경향을 보여 왔다. 이처럼 단맛이 주는 기분 전환을 통해 사람들과의 유대 관계 강화를 도모하고자 사교 모임에서는 달콤한 음식을 제공해 오고 있다.

역사적, 문화적, 생리학적 요인에 따라 지금도 많은 미국인은 단 음식을 즐기고 있다. 그러나 단 음식이 유발하는 질병으로 인한 건강 위험에 따라 단 음식 섭취를 줄이고 건강한 식습관을 추구하려는 미국인도 늘어나는 추세이다.

미국의
공식 언어는 영어일까?

오늘날 영어가 지구촌의 공용어로 사용되고 있는 상황에서, 우리는 미국의 공식 언어^{official language} 또한 영어라고 생각할 수 있을 것이다. 그렇다면 과연 영어는 미국의 공식 언어일까? 이 질문에 대한 답은 반은 맞고 반은 틀리다. 공식 언어란 국가가 공식 업무를 위해 사용하는 언어를 말한다. 미국 정부는 실제로 공식 언어 자체를 인정하지 않는 반면, 미국의 주 정부에서는 영어를 공식 언어로 채택하고 있다. 그렇다면 왜 미국 정부는 영어 사용 인구가 압도적으로 많음에도 불구하고 영어를 공식 언어로 지정하지 않을까? 이는 영어를 공식 언어로 채택함으로 인해 미국이 추구하는 보편적 가치인 다양성을 훼손시킬 우려가 있기 때문이다.

미국 언어의 역사는 한 마디로 다양성의 용광로^{a melting pot of diver-}

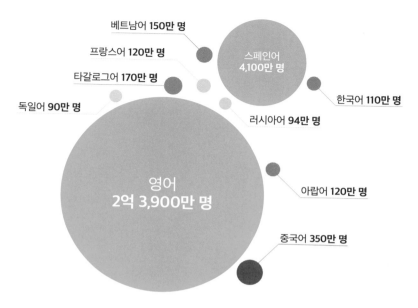

베트남어 **150만 명**

프랑스어 **120만 명**

타갈로그어 **170만 명**

독일어 **90만 명**

스페인어
4,100만 명

한국어 **110만 명**

러시아어 **94만 명**

영어
2억 3,900만 명

아랍어 **120만 명**

중국어 **350만 명**

2022년 미국에서 가장 많이 사용하는 언어

sity라고 표현할 수 있다. 유럽의 식민지 개척자들이 미국에 오기 전부터 그곳에 살던 원주민들은 이미 약 수천 년 동안 300개 이상의 다른 언어를 사용해 오고 있었다. 15세기 무렵부터는 프랑스어, 네덜란드어와 같은 유럽 언어들이 미국에 유입되었고, 16세기 영국의 식민지화가 본격화됨으로 인해 영어가 정착하게 되었다. 1607년 버지니아 제임스타운에 설립된 최초의 영국인 정착지는 영국의 미국 식민지화가 본격적으로 시작되었음을 알리는 신호탄이었다. 이후 몇 세기에 걸쳐, 영국인들은 카리브해를 포함해 동부 해안 지대를 기점으로 13개의 식민지를 건설했다. 이 식민지들이 발전해 가면서 무역 및 상업에서 영어 사용이 급속도로 증가하였으며, 교육이나 문화 교류

캐나다

뉴햄프셔주

매사추
세츠주

뉴욕주

펜실
베이니아주

로드아일
랜드주

코네티컷주

인디언 영토

뉴저지주

델라웨어주

메릴랜드주

버지니아주

대서양

애팔래치아산맥

노스캐롤라이나주

사우스
캐롤라이나주

1 보스턴
2 뉴욕
3 필라델피아
4 볼티모어
5 찰스턴

조지아주

1775년 북아메리카의 13개 영국령

를 통해 영어는 더욱 빠르게 퍼져 나갔다. 이로 인해 영어는 미국의 지배 언어dominant language로 자연스럽게 자리 잡게 되었다.

18세기 후반 미국 정부 차원에서 영어를 공식 언어로 채택할 것인지에 대한 논란이 처음 불거졌다. 존 애덤스John Adams(독립 영웅이자 2대 대통령)는 1780년 대륙회의Continental Congress*에서 미국 헌법을 영어로만 작성할 것을 제안했다. 그의 이러한 제안은 새로운 미국에 하나의 공통된 언어가 필요하다는 인식에서 비롯되었다. 하지만 건국의 아버지(Founding Fathers of the United States)**들은 영어를 미국의 공식 언어로 채택하려는 애덤스의 제안을 거부했다. 그들은 애덤스의 이러한 시도가 '비민주적이고 개인의 자유에 대한 위

★ 북아메리카 13개 영국령 식민지 대표들로 구성된 회의로 1774년부터 개최되었다.

★★ 18세기 후반 미국의 혁명 지도자들로 미국의 초기 대통령 다섯 명과 미국 독립 선언에 참여한 정치인들을 일컫는다.

미국 건국의 아버지들

협'이라고 생각했기 때문이다. 또한 이들은 그 당시에 이미 영어가 지배 언어였기 때문에 실제로 연방 정부 차원에서 영어를 공식 언어로 채택하는 것이 무의미하다고 판단했다. 건국의 아버지들이 영어의 공식 언어 채택을 반대한 가장 큰 이유는 미국 독립을 위해 헌신한 비영어권 출신 미국인들의 마음을 상하게 할 수 있다는 점이었다. 그 당시 미국 인구의 약 30퍼센트는 독일어나 네덜란드어를 사용하는 사람들이었다.

존 애덤스 이후 수많은 정치인의 시도에도 불구하고, 미국의 연방 정부는 여전히 공식 언어를 채택하지 않고 있다. 이는 미국이란 나라가 다문화·다국어 국가이기 때문에 항상 다양성이 존중되어야 한다는 미국 정부의 국정 기조에 기인한다. 이러한 연방 정부의 기조는

1964년에 제정된 민권법 제6장에 반영되어 있다. 이 법의 실질적 목적은 유창한 영어를 구사하지 못하는 개인 납세자들의 권리를 보호하기 위함이다. 한 예로 연방 정부의 재정 지원을 받기 위한 조건으로, 주 정부는 '연방 정부가 지원하는 혜택을 받는 사람들에게 그들이 사용하는 모든 언어로 필수 문서를 제공해야 한다'라고 법에 명시해 놓고 있다. 또한 주 정부와 연방 정부의 정책은 영어를 사용하지 않는 사람들에게 공공 및 민간 서비스를 효과적으로 제공하기 위해 영어 이외의 언어 사용을 의무화했다.

미국의 언어적 다양성 정착에 대한 도전들

언어적 다양성을 추구하는 미국 정부의 기조가 확립되기까지 수많은 도전이 있어 왔다. 이러한 도전 중 하나가 미국에서 특정 그룹의 의사소통 수단을 억제하며 영어 사용을 강요한 행위이다. 한

1850년, 백인의 감시하에 목화를 따는 노예들

예로 18세기 노예 소유주들은 노예가 된 아프리카인들이 폭동을 일으킬 것을 두려워한 나머지 아프리카어 사용을 통제하고 영어로만 말하도록 강요했다. 반면에 노예들의 영어 쓰기와 읽기는 철저하게 금지했다. 이는 현실을 자각한 노예들이 노예제 철폐를 위한 사회적 봉기를 일으킬 가능성을 사전에 차단하려는 노예 소유주들의 의도가 담겨 있었다. 심지어 흑인 노예들 사이에서 비밀스러운 의사소통 수단으로 북이 사용된다는 사실을 알았을 때, 노예 소유주들은 노예들의 북 사용마저도 금지했다.

이러한 의사소통 수단의 억압은 흑인 노예들에게 국한된 것만은 아니었다. 미국 원주민 청소년들을 백인 문화로 동화시키기 위한 목적으로, 17세기 중반부터 20세기 초까지 아메리칸 인디언 기숙 학교가 운영되었다. 그곳에서 원주민 학생들은 원주민 언어를 사용할 수 없었으며, 만약 자신들의 부족 언어로 말하거나 글을 쓰는 경우에는

인디언 기숙학교 학생들

가혹한 처벌을 받았다.

　제1차 세계 대전 동안, 미국의 일부 주에서는 독일어로 말하는 것을 불법으로 간주했으며, 교육 과정에 독일어를 포함하지 않는 학교들이 늘어나기 시작했다. 이로 인해 미국 고등학교에서 제1차 세계 대전 직전까지만 해도 25퍼센트에 달했던 독일어 학습자 비율이 전쟁 개시 후 1퍼센트 미만으로 줄어들었다. 이처럼 미국 내에서 독일어 사용 빈도가 현저히 감소하여, 미국에서 두 번째로 가장 많이 사용되었던 독일어가 소수 언어로 전락해 버리는 결과를 낳았다.

영어로 공식 언어를 채택한 주 정부

20세기 후반에 들어와 연방과 주 정부 차원에서 영어 사용을 강제하려는 여러 시도가 있었다. 대표적인 예로 1981년에 한 상원 의원이 영어를 미국의 공용어로 채택하는 헌법 개정안을 도입하려고 했지만 결국 실패했다. 그러나 몇몇 주들은 1980년대와 1990년대에 다른 언어의 사용을 제한하고 영어 사용을 장려하기 위해 영어를 공식 언어로 지정한 법English Only Law을 성공적으로 통과시켰다. 현재 미국의 32개 주는 영어를 유일한 공식 언어로 지정하고 있으며, 몇몇 주들은 영어뿐만 아니라 지역의 원주민 언어 또한 공식 언어로 채택하고 있다.

　영어를 유일한 공식 언어로 사용하는 32개 주는 다음과 같다.

　앨라배마, 알래스카, 애리조나, 아칸소, 캘리포니아, 콜로라도, 플로리다, 조지아, 하와이, 아이다호, 일리노이, 인디애나, 아이오와, 캔자스, 켄터키,

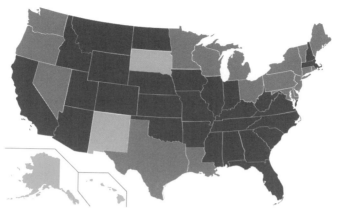

■ 영어를 공식 언어로 채택하고 있는 주
■ 영어와 다른 언어를 공식 언어로 채택하고 있는 주
■ 공식 언어를 채택하지 않은 주

루이지애나, 매사추세츠, 미시간, 미시시피, 미주리, 몬태나, 네브래스카, 뉴햄프셔, 노스캐롤라이나, 노스다코타, 사우스캐롤라이나, 사우스다코타, 테네시, 유타, 버지니아, 와이오밍

해외에 있는 미국의 자치령들 또한 공식 언어를 가지고 있다. 푸에르토리코는 스페인어를 주로 사용하지만 영어와 스페인어 둘 다 공식 언어이다. 미국령 버진 아일랜드에서는 영어만 공식 언어이고 괌은 영어와 차모로어가 공식 언어이다.

아마도 당분간 미국의 공식 언어는 없을 것 같다. 1780년대 이래로 영어를 미국의 공식 언어로 채택하기 위해 수백 개의 헌법 개정안이 제출되어 왔다. 하지만 이 중 어떠한 개정안도 통과되지 않았다. 또한 대부분의 미국인이 이미 지배 언어로 자리 잡은 영어를 미국의 공식 언어로 채택해야 하는 필요성을 느끼는지에 대해서도 의구심이

든다. 게다가 미국 인구의 약 14퍼센트가 영어 이외의 언어를 말한다. 영어를 모국어로 사용하지 않는 사람들은 자신들의 언어를 자랑스러워하고 그것을 포기하고 싶지 않을 수 있다. 한 가지 분명한 것은 미국이 추구하는 다양성이 지속되는 한 앞으로도 언어의 다양성 또한 공존하게 될 것이라는 점이다.

미국의 신학기는
왜 가을에 시작할까?

한국처럼 대다수의 미국 대학도 학기제를 채택하고 있다. 하지만 신학기가 3월에 시작하는 한국과는 달리 미국은 일반적으로 8, 9월에 1학기가 시작된다. 미국 학교들은 보통 1학기가 끝나면, 12월 중순경부터 4주간의 겨울 방학에 들어간다. 겨울 방학이 끝나는 이듬해 1월부터 봄 학기 즉, 2학기가 시작되어 5월에 끝난다. 이후 여름 방학을 보내고 나면 다시 신학년 새 학기가 시작된다. 이처럼 한국과 달리 미국 학교들은 가을에 신학기를 시작해서 다음 해에 학년을 마치는 학사 일정으로 운영되고 있다. 이러한 학기제 운영으로 인해 미국으로 유학 가는 한국 학생들은 학업을 시작하기 위해 몇 달을 기다려야 하는 불편함을 겪기도 한다. 그렇다면 미국은 왜 가을에 신학기를 시작할까? 또한 미국은 왜 긴 여름 방학을 보내는 것일까? 이에

가족 농장에서 일하는 아이들

관한 실마리를 미국의 역사 및 문화적 배경 속에서 찾아볼 수 있다.

역사적으로 미국의 학사 일정은 초창기 주력 산업이었던 농업에 큰 영향을 받았다. 기나긴 여름 방학 동안 학생들은 가족 농장에서 파종과 수확을 도와야 했다. 19세기와 20세기 초까지 미국 인구의 상당수가 농업 활동에 주로 종사했다. 가정에서는 생계유지를 위해 농작물을 재배하고 가축을 사육했으며, 아이들은 어릴 때부터 부모의 농장 일을 거들어야 했다. 농사일은 봄, 여름, 가을 분주히 이루어졌다. 부족한 일손을 채우기 위해 아이들 또한 씨앗을 심고, 작물을 돌보고, 과일과 채소를 수확하는 농사일을 도왔다. 아이들의 노동이 가정의 생계를 꾸려 나가는 기반이었다고 해도 과언이 아니다. 농사일의 계절적 특성은 학교의 학사 일정에도 영향을 끼칠 수밖에 없었다. 이 당시 미국은 의무 교육이 도입되기 전이었고, 농번기 때 필요한 노동 수요를 고려한 학교와 가정 간의 암묵적인 합의가 있었다.

1930년대 미국 도시 학교 교실

학교는 파종 시기인 봄과 수확 시기인 여름, 가을에는 방학하고 한가한 농한기에 접어들 때는 개학하여 본격적인 교육을 실시했다.

미국의 긴 여름 방학 전통은 농사일뿐만 아니라 휴가 문화의 정착과도 관련이 있다. 19세기 말 노동조합이 생겨나고, 20세기 초 하루 8시간 근무가 보장되면서 노동자들은 그 어느 때보다 가족들과 많은 여가 시간을 보낼 수 있게 되었다. 또한 당시는 에어컨이 대중화되기 전이라 여름철 무더위 속에서 학생들이 학교 수업을 듣기 힘든 상황이었다. 이로 인해 중·상류층 사람들을 중심으로 더위를 피해 시원한 교외 지역으로 가족들과 휴가를 떠나는 문화가 유행처럼 번졌다. 이 시기에도 학교 출석은 의무 사항이 아니었기 때문에, 결국 여름이 되면 학생이 줄어든 교실에서 수업이 진행되는 진풍경이 벌어졌다.

또한 지역 사회 지도자들은 여름철 학교의 덥고 밀집된 취약한 환경이 질병을 확산시킬 수 있다는 점을 우려했다. 이에 맞물려 당시 의회 의원들과 노동조합들을 중심으로 아이들의 휴식권을 보장하는 여름 방학의 필요성이 대두되었다. 이를 계기로 도시의 학군들은 학사 일정에 약 40~60일의 긴 여름 방학을 포함하게 되었다.

이후 학생들이 의무적으로 학교 교육을 받도록 하는 의무 공교육이 각 주마다 법으로 제정되어, 자녀를 학교에 보내지 않는 부모에게는 벌금이 부과됐다. 이때, 농촌과 도시 지역의 학교들 간에 학사 일정 및 교육 시스템 통합이 이루어졌다. 당시 농촌 지역 학교의 학사 일정은 아이들이 여름 방학에는 농사일을 돕고 가을에는 신학기를 시작할 수 있도록 운영되고 있었다. 이러한 농촌 지역의 특성을 반영한 학사 일정을 도시 지역 학교들에도 적용시켰다.

여름 방학의 도입은 기업에도 수익을 창출할 수 있는 기회를 제공했다. 대표적으로 수혜를 입은 업종이 놀이공원이다. 일반적으로 여름 방학 기간에 가장 많은 사람이 놀이공원을 방문하기 때문에, 미국 놀이공원 연합회는 학사 일정에 여름 방학이 포함되도록 압력을 행사한 주요 그룹 중 하나였다. 더욱이 놀이공원은 여름철 방문객 증가로 인해 필요한 단기 인력을 방학 중인 학생들로 충당할 수 있었다. 결국 여름 방학을 통해 놀이공원들은 수익 창출과 이에 대비한 낮은 인건비 지출이라는 두 마리 토끼를 잡는 효과를 누릴 수 있었다.

한편, 미국에서 매년 8, 9월은 신학기 시작을 기념하는 '백투스쿨 Back to School' 기간이다. 이 기간에 많은 기업이 대대적인 홍보와 할인

미국 놀이공원

행사를 진행하며, 학생들은 필요한 물품을 저렴하게 구매한다.

　이처럼 미국에서 가을에 신학기를 시작하고 긴 여름 방학을 갖게된 전통은 역사와 문화가 맞물려 생겨났다. 한 가지 주목할 점은 미국은 50개 주로 이루어진 나라이기 때문에 각 주마다 학사 일정이 조금씩 다를 수 있다는 것이다. 미국에서 공부를 할 계획이 있다면, 이점을 숙지해서 준비하기 바란다.

Part 2

인종 및
사회 문화

우리가 알아야 하는
인종차별적 표현은 무엇이 있을까?

미국에서는 코로나19 팬데믹 이후 아시아계를 대상으로 한 증오 범죄가 빈번하게 일어났으며, 심지어 아시아인을 비하하는 '칭크 바이러스chink virus' 같은 인종차별적 표현이 생겨났다. 바이러스는 알겠는데 '칭크'는 무슨 뜻일까? 칭크는 역사적으로 동아시아계인들, 특히 중국계 사람들을 비하할 때 사용하는 인종차별적 표현이다. 칭크 이외에도 미국에서는 여러 인종에 대한 차별적 표현들이 존재한다. 이에 대해 살펴보는 것은 미국 사회의 다양성에 대한 이해를 넘어 다양한 인종들이 미국 사회에서 겪었던 고통과 아픔을 공감하는 데에 도움을 줄 수 있다.

아시아계 사람들에게 쓰이는 차별적 표현은 무엇이 있을까?

아시아인들로서 우리가 반드시 알아야 하는 용어가 있다. 바로 아시아계를 비하할 때 사용하는 '칭크'와 '국gook'이다. 칭크는 처음에는 중국인들의 왜소한 체구와 작고 비스듬한 눈을 조롱할 때 사용되다가 이후 아시아계 사람들을 비방하기 위한 대표적인 인종차별적 표현으로 자리 잡았다.

칭크라는 용어가 언제, 어디서 유래되었는지는 불분명하다. 다만 19세기 서구 열강이 중국을 침략했을 당시 청나라의 영어 공식 명칭이 '칭 다이너스티Qing Dynasty'였는데, 이때 Qing의 Q가 치(ch)로 발음이 되어 중국을 '칭Ching'이라 불렀던 것에서 유래했다고 보는 관점이 있다. 또 다른 한편에서는 중국의 영어 명칭인 차이나China에서 유래되었다고 주장하기도 한다. 또한 영어에서 'chink'라는 단어가 '갈라

동양인의 찢어진 눈을 희화화 한 그림

진 틈'을 의미하기 때문에 동양인들의 찢어진 눈을 비하하기 위한 표현으로 발전했다고 보는 시각도 존재한다.

칭크만큼이나 동양인들을 비하할 때 사용되는 용어가 '국'이다. 한국 전쟁과 베트남 전쟁 동안 미군은 적군이었던 북한군, 중국군 그리고 북베트남의 베트콩들을 주로 국이라 불렀다. 이를 계기로 현재 국은 아시아인들을 포괄적으로 비하하는 표현으로 쓰인다. 이 표현은 인종차별적 의도를 내포한 모욕적 의미로 받아들여질 수 있으므로 가급적 사용을 피하는 것이 좋다.

흑인에 대한 인종차별적 용어는 무엇이 있을까?

역사적으로 인종차별의 가장 큰 피해자는 바로 흑인이었다. 흑인에 대한 차별적 대우는 초창기에 비해 많이 사라졌지만 여전히 그 잔재가 남아 있으며, 흑인을 비하하는 영어 표현들 속에서 이를 찾아볼 수 있다.

우리가 반드시 알아야 하고 흑인에게 절대로 쓰지 말아야 할 말이 있는데 그것은 바로 '니거nigger'와 '니그로negro'다. 니거는 검은색을 의미하는 라틴어 '니게르niger'에서 유래되었는데 1619년부터 1700년대 사이에 흑인 노예들을 지칭하는 용어였다. 1800년대 중반 남북전쟁 이후에 백인 인종차별주의자들과 과거 노예 소유주들은 해방된 흑인 노예들을 여전히 니거라 불렀다. 여기에는 흑인들이 법의 보호를 받거나 사회적 혜택을 누릴 자격조차 없는 열등 인종이라는 경멸적 의도가 담겨 있었다. 니거라는 표현은 언론과 대중문화를 통

검은색 잉크를 마시는 흑인 아이

해 급속도로 퍼져 나갔으며, 이로 인해 흑인 차별을 정당화시키는 고정관념으로 더욱 강화되었다. 그래서 흑인들에게 니거는 백인들에게 받은 인종차별의 유산을 상기시키는 고통스러운 단어가 되었다.*

한편, 1960년대 중반까지 일반적으로 흑인들을 지칭할 때 '컬러드(colored, 유색 인종)' 또는 '니그로'라는 표현이 사용되었다. 특히 니그로는 흑인들이 자신들을 묘사할 때도 활용되었으며, 때때로 상대방을 존중하는 표현으로도 사용되었다. 이는 1963년 마틴 루서 킹 목사의 '나에게는 꿈이 있습니다(I Have a Dream)'라는 연설에서도 찾아볼 수 있다.

그러나 그로부터 백 년이 지난 오늘, 우리는 '흑인Negro'들이 여전히 자유롭지 못하다는 비극적인 사실을 직시해야 합니다. 백 년 후에도 '흑인'들은 여전히 인종차별이라는 속박과 굴레 속에서 비참하고 불우하게 살아가고 있습니다. 백 년 후에도 '흑인'들은, 이 거대한 물질적 풍요의 바다 한가운데 있는 빈곤의 섬에서 외롭게 살아가고 있습니다. 백 년 후에도 '흑인'들은 여전히 미국 사회의 한 귀퉁이에서 고달프게 살

★ 1980년대를 기점으로 '니거'는 좀 더 완곡한 표현인 'N단어(N-word)'로 대체되었다.

1963년 'I Have a Dream' 연설 중인 마틴 루서 킹 목사

아가고 있습니다. 그들은 자기 땅에서 유배당한 것입니다.*

　그렇다면 언제부터 '니그로'라는 용어가 금기시되었을까? 1960년 대 중반, 민권 운동Civil Rights Movement을 통해 흑인들이 인종 분리와 차별에 도전하기 시작하면서 이 용어에 대한 적절성 문제가 대두되었다. 당시 많은 흑인이 니그로라는 표현이 시대에 뒤떨어졌으며, 흑백

★　But one hundred years later, the Negro still is not free. One hundred years later, One hundred years later the life of the Negro is still badly crippled by the manacles of segregation and the chains of discrimination. One hundred years later the Negro lives on a lonely island of poverty in the midst of a vast ocean of material prosperity. One hundred years later the Negro is still languished in the corners of American society and finds himself in exile in his own land.

분리 및 차별을 상징한다고 주장했다. 이후 흑인들 사이에서 백인 우월주의의 상징인 '백인white'의 반대말인 '흑인black'이라는 용어를 사용하자는 의견이 우세해졌다. 니그로라는 표현은 노예 제도 때 백인이 흑인에게 일방적으로 부여한 정체성이었고, 블랙black은 자신들 스스로 선택한 정체성이었다. 또한 블랙은 흑인의 평등한 권리에 대한 간절한 열망을 담은 표현이었다. 현재 흑인을 지칭할 때는 '블랙'이나 '아프리카계 미국인African Americans'이라는 용어가 일반적으로 사용된다. 만약 흑인을 니그로라고 부른다면, 이는 매우 부적절하고 무례한 언행이다.

한편 흑인들 사이에서는 서로를 '니가nigga'로 표현하는 경우가 있는데, 이러한 표현은 랩과 힙합 문화에 의해 대중화되었다. '니가'는 흑인들 사이에서 경멸적인 의미가 아닌 친근함의 표현으로 받아들여지기도 한다. 그렇다고 하더라도 흑인이 아닌 누군가가 친하다는 이유로 흑인 친구에게 이 단어를 쓰면 큰일이 날 수 있으니 조심해야 한다.

참고로 흑인들 사이에서 백인들에게 지나치게 순종적이거나 비굴하게 행동하는 흑인을 '엉클 톰Uncle Tom' 또는 '오레오 쿠키Oreo Cookie'라 부르기도 한다.

다른 인종에 사용하는 차별적 표현은 무엇이 있을까?

유대계 미국인들

역사적으로 유대인과 관련된 차별적 표현은 주로 이들을 탐욕의 아이콘으로 묘

사하고 있다. 이는 반유대주의를 전파하려
는 의도에서 비롯되었으며, 오늘날 유
대인들에 대한 그릇된 인식을 심어 주
는 데에 많은 영향을 미쳤다. 그 대표
적인 표현이 바로 '샤일록Shylock'이다.
샤일록은 윌리엄 셰익스피어의 희곡인
《베니스의 상인》에 나오는 무자비한 유대
인 고리대금업자이다. 샤일록에 대한 셰익
스피어의 묘사는 유대인에 대한 부정적인

《베니스의 상인》에
등장하는 샤일록

고정관념을 영속화한다는 비판을 받아 왔으며, 지금까지도 샤일록은
유대인을 비하하기 위한 전형적인 표현으로 사용되고 있다.

이와 유사한 반유대적 표현인 '주다운Jew down' 또한 유대인들
은 돈만 밝히는 탐욕스러운 사람들이라는 고정관념을 반영하고 있
다. 이를 극단적으로 희화화해 만든 것이 '스머킹 머천트smirking
merchant(능글맞게 웃는 상인)'라는 밈meme이다.

이 밈에 등장하는 유대인 남성은 우스꽝스럽게 길게 늘어진 코를
지닌 왜곡된 신체적 이미지와 기괴한 웃음을 지으며 무언가를 탐하
는 모습으로 묘사되고 있다. 이는 유대인들이 간교한 속임수에 능한
탐욕적인 인종이라는 점을 노골적으로 표현한 것으로, 반유대주의를
표방하는 백인 우월주의자들에게 가장 인기 있는 밈이다.

그렇다면 왜 유대인들은 이렇게 탐욕스러운 집단으로 공격받아
왔던 것일까? 중세 유럽 사회에서 기독교인들은 교리에 따라 다른 사

반유대인적 표현인 '능글맞게 웃는 상인' 밈

람에게 돈을 빌려주고 이자를 부과하는 금전 거래 행위가 금지되었다. 하지만 이러한 교리가 유대인에게는 적용되지 않았다. 직업의 선택에 제한을 받았던 유대인들이 예외적으로 허락받았던 직종 중 하나가 대부업이었으나 몇몇 유대인들은 고리대금, 즉 높은 이자를 매기는 행위로 비난받았다. 이렇게 구축된 이미지는 유대인들을 탐욕스러운 존재로 각인시키는 결과를 낳았고 반유대주의 정서를 부추기는 데에 일조했다.

아일랜드계 미국인들

주류 백인들은 아일랜드계 사람들을 '보그트로터^{bogtrotter}(늪지대에 사는 사람)'로 불렀다. 보그트로터는 습지가 많은 시골에 사는 아일랜드 최하층민을 경멸적으로 지칭하는 말로, 이 단어가 생기게 된 배경에는 감자 기근이 있다. 1845년에서 1852년까지 아일랜드에서는 감

원숭이로 묘사되는 아일랜드계 이민자

자 기근이 발생했다. 농민들이 주식으로 삼던 감자에 전염병이 발생하자 식량 부족과 질병으로 인하여 100만여 명의 사망자가 발생했고 농민들은 해외로 집단 이주하였다. 10년 동안 약 200만 명(아일랜드 전체 인구의 약 4분의 1)의 아일랜드인들이 생존을 위해 미국으로 이주한 것으로 추산된다. 미국에 도착했을 때, 아일랜드계 이민자들은 문화적으로 열등한 존재로 여겨져 차별과 편견에 시달려야 했다. 이러한 인종차별적 잔재를 당시부터 지금까지 사용되는 보그트로터라는 아일랜드계 이민자에 대한 혐오적 표현에서 찾아볼 수 있다.

히스페닉계 미국인들

'비너beaner'는 멕시코 또는 히스패닉계를 인종·문화적으로 비하할 때

'beaner'가 적힌 스타벅스 컵

사용되어 온 차별적인 표현이다. 이러한 표현은 콩bean이 멕시코 요리의 주재료인 데서 유래되었다. 이와 관련하여 미국의 대표적 커피 프랜차이즈인 스타벅스가 인종차별 논란에 휘말린 적이 있다. 2018년 로스앤젤레스 인근 한 스타벅스 매장에서 50대 히스패닉계 손님이 커피 2잔을 주문하며 이름을 '페드로Pedro'라고 말했다. 그가 주문한 커피를 받았을 때, 곁에 있던 그의 친구가 커피 잔에 붙어있던 영수증에 'Pedro' 대신 'beaner'가 적혀 있는 것을 발견했다.

이에 페드로는 명백한 인종차별이라며 항의했고, 이로 인해 영업 손실을 우려한 스타벅스는 결국 대표 명의로 공식적인 사과문까지 발표하게 되었다.

이처럼 미국 내에서 자리 잡은 다양한 인종차별적 표현에 대해 살펴보았다. 이와 같은 인종차별적 표현은 현대 사회에서 용납될 수 없는 행동이지만, 누군가는 무심코 또는 의도적으로 여전히 사용하고 있어 안타깝다. 이러한 차별적 표현에 담겨 있는 아픔과 고통을 이해함으로써, 다양한 인종 및 문화 그룹에 대한 존중과 포용이 정착되기를 바란다.

프라이드치킨에 숨어 있는 미국 문화: 다크 미트와 화이트 미트

유명 치킨 프랜차이즈인 KFC나 파파이스에서 치킨을 주문했을 때 미국인 점원은 이렇게 물어볼 수 있다.

"Do you want dark meat or white meat(다크 미트와 화이트 미트 중에 어느 것을 원하나요)?"

이럴 때는 어떻게 답변해야 할까? 영어를 유창하게 하는 사람이 더라도, 이 질문을 처음 접하면 점원이 무엇을 물어보는지 몰라서 당황스러울 수 있다. 나 또한 이 질문을 처음 받았을 때 '다크dark'라고 하면 조금 더 튀겨진 치킨이고 '화이트white'라고 하면 다크에 비해 덜 튀겨진 치킨일 것이라고 생각했다. 하지만 점원에게 '다크 미트dark meat'와 '화이트 미트white meat'의 차이를 물어보고 나니 이에 대한 궁금증이 금방 풀렸다. 여기서 말하는 다크 미트와 화이트 미트는 닭의

다크 미트   화이트 미트

부위를 의미한다.

다크 미트와 화이트 미트는 치킨의 어느 부위를 말할까?

다크 미트는 닭의 다리 부분을 지칭한다. 닭 다리는 많은 활동량으로 인해 지방이 많고 근육이 발달해 있다. 또한 이러한 근육 사용에 필요한 미오글로빈 함량이 높아 살이 어두운 색깔을 띤다.

반면에 닭의 가슴 부위를 나타내는 화이트 미트는 다크 미트에 비해 상대적으로 활동량이 많지 않다. 화이트 미트는 지방과 근육량이 적을 뿐만 아니라 근육 사용에 필요한 미오글로빈 함량 또한 낮아 살이 하얀색을 띤다.

우리와는 정반대인 미국인들이 선호하는 치킨 부위

그렇다면 미국인들은 어떤 부위를 선호할까? 한국인들의 대다수는 닭 다리 살을 선호한다. 만약 한국인 두 명이 치킨

생선 필렛

한 마리를 주문해 먹는다면 두 개의 닭 다리를 서로 하나씩 나눠 먹는 것이 공평하다고 여길 것이다.

반면에 미국인들 대부분은 가슴살을 선호한다. 이러한 이유를 알기 위해서는 먼저 화이트 미트에 대한 미국인들의 인식, 이와 관련된 문화 및 역사 그리고 화이트 미트만이 지닌 고유한 풍미 등 여러 복합적 요인을 살펴볼 필요가 있다.

첫째, 미국인들은 화이트 미트와 달리 상대적으로 다크 미트를 즐기는 데 다소 불편감을 느낀다. 닭 다리는 땅에 맞닿아 있으므로 지저분한 부위라고 여기는 경향이 있다. 또 닭의 외형을 그대로 보여주는 닭 다리는 한때 살아 움직였던 닭의 모습을 연상할 수 있기 때문에, 미국인들은 마치 생선 머리를 바라보는 것처럼 징그럽게 느낀다. 보통 미국 소비자들은 고기나 생선을 조리할 때 껍질을 벗기고 뼈를 발라 손질한 살코기인 필렛^{fillet} 형태를 구매하는 것에 익숙한 까닭에 닭의 형체를 연상시키는 다크 미트보다 가공된 형태인 화이트 미트를 선호하는 것이다.

둘째, 미국인들은 닭 가슴살의 맛이 산뜻하며 질감이 부드럽고 이에 비해 다리 살은 질기다는 인식을 갖고 있다. 예전에 자연 방목 환경에서 길러진 닭들은 운동량이 많아 자연스레 근육질의 다리를 가지게 되었는데, 이로 인해 닭 다리는 질긴 근육질 살로 인식된 것이다. 이러한 정서가 지금까지 이어져 미국인들은 닭 다리를 별로 선호하지 않는다.

셋째, 건강에 신경 쓰는 소비자들은 지방 함량과 칼로리가 낮은 화이트 미트를 균형 잡힌 식단의 필수 음식으로 선택한다. 대표적인 사례가 여러분도 한 번쯤은 들어 봤을 닭 가슴살 다이어트로, 닭 가슴살 위주의 식단을 통해 체중 감량과 건강 개선을 목표로 하는 다이어트 방법이다. 미국인들은 저지방이면서 고단백 식품인 닭 가슴살을 이용하여 탄수화물과 지방 섭취를 줄이고 균형 있는 식단을 짠다.

넷째, 역사적으로 미국 요리는 유럽 요리의 영향을 많이 받았다. 특히 프라이드치킨은 대표적인 사례로, 미국 남부에 정착한 스코틀랜드 이민자들의 요리를 흑인들이 발전시켜 만든 요리이다. 유럽 요리의 전통적 식재료로 화이트 미트가 다양하게 쓰였기 때문에 미국인이 닭 가슴살을 선호하는 데에도 문화적인 영향을 받았다.

다섯 번째, 광고와 마케팅이 미국인의 닭 가슴살 선호도를 높이는 데 일조했다. 1960년대부터 가금류 산업은 미국 소비자들에게 화이트 미트를 홍보하기 위해 많은 투자를 해 왔다. 이는 다크 미트와 화이트 미트의 칼로리와 지방 함량 차이를 판매 전략으로 삼아 닭 가슴살에 프리미엄 가격을 책정하려는 업계 관계자들의 의도에서 비롯되었다. 이들은 소고기에 비해 지방 함량이 적은 닭고기는 건강을 위한 대안이 될 수 있으며, 닭고기 중에 가장 건강에 이로운 부위는 바로 가슴살이라는 마케팅을 벌였다. 이러한 홍보와 마케팅은 결과적으로 미국 소비자들의 지갑을 열게 하는 데 성공하게 된다. 2022년 9월 자료에 따르면, 미국 내 닭고기 부위별 가격 중 가장 저렴한 부위는 허벅지를 비롯한 다리 살Chicken leg quarter과 치킨봉Chicken drumsticks으로 각각 파운드당 가격이 0.97달러, 1.2달러이다. 반면에 가슴살은 가장 비싼 파운드당 3.33달러로 판매되고 있다.

인기 없는 닭 다리들은 어디로 갔나? 1960년대와 1970년대 이후 가슴살에 대한 미국인들의 선호도가 높아질 무렵, 생산자들은 인기 없는 다크 미트의 판로를 찾아야만 했다. 이들은 러시아와 아시아 국가들에서는 닭고기 부위에 대한 선호도가 미국과 정반대라는 사실을 알게 되었다. 생산자들은 미국 내에서 폐기물로 처리될 다크 미트를 수익성 있는 상품으로 탈바꿈시켜, 저렴한 가격에 러시아와 아시아에 수출했다. 1980년대 말 구소련이 붕괴된 이후 러시아는 미국산 닭 다리의 주요 수입국 중 하나로 부상했다. 2009년 한 해만 해도 러시아는 16억 파운드 분량의 미국산 닭 다리를 수입하는 데 8억 달러를 지불했다. 한국은 2010년부터 2012년까지 미국산 닭 다리의 최대 수입국이었고, 중국은 매년 10억 달러 상당의 닭고기를 수입하고 있다. 중국에서 수입하는 닭고기의 약 75퍼센트가 닭발인데, 미국산 닭발은 타 국가들의 닭발에 비해 상대적으로 크기 때문에 인기가 있다. 우리나라 역시 브라질, 네덜란드와 더불어 미국에서 가장 많은 닭발을 수입한다.

미국에서 닭 다리는 인기가 없고 닭발의 경우 가치가 거의 없어서 폐기 처분 된다. 이를 문화 상대주의적 관점*에서 생각해 본다면 왜 그런지 이해가 될 것이다. 그 안에는 미국인들의 인식, 문화, 역사, 그리고 맛과 관련된 복잡한 요인들이 담겨 있기 때문이다. 지구촌 어느 곳에서는 버려질 정도로 인기가 없는 닭 부위가 다른 곳에서는 가장 선호되는 부위가 된다. 아마도 이는 지구촌 사람들 간에 무역이 발달하게 된 궁극적 이유가 되지 않았을까 하는 생각이 든다.

★ 한 사회의 문화를 그 사회가 처한 특수한 환경과 역사적 맥락 속에서 이해하고 평가하려는 태도

크리스마스 캐럴은
왜 유대인들이 작곡했을까?

———

매년 성탄절이 다가올 때면, 라디오나 TV에서 귀에 익숙한 크리스마스 캐럴들이 흘러나온다. 대표적인 곡들로 〈화이트 크리스마스White Christmas〉, 〈루돌프 사슴코Rudolph the Red-Nosed Reindeer〉, 〈렛 잇 스노, 렛 잇 스노, 렛 잇 스노Let It Snow, Let It Snow, Let It Snow〉 그리고 〈해브 유어셀프 어 메리 리틀 크리스마스Have Yourself A Merry Little Christmas〉가 있다. 이 노래들의 공통점은 무엇일까? 그것은 바로 이 노래들이 유대계 미국인들에 의해 작곡되었다는 점이다. 유대인들은 예수의 성탄을 축하하는 명절인 크리스마스를 기념하지 않는다. 그럼에도 불구하고 대부분의 유명한 크리스마스 캐럴은 왜 유대인들이 작곡했을까?

내가 미국에서 석사 과정에 재학 중일 때, 유대계 미국인 교수님과의 일화는 내가 알던 문화의 폭을 넓혀 주는 소중한 추억이었다.

겨울 방학이 막 시작될 무렵, 지도 교수님의 안부가 궁금하여 연구실을 방문했다. 교수님과 담소를 나눈 후, 자리에서 일어나 교수님께 "Merry Christmas in advance(미리 메리 크리스마스)!"라고 말씀드렸다. 그 말을 들으신 교수님은 웃으시며 이렇게 답하셨다.

"I do not celebrate Christmas(나는 크리스마스를 기념하지 않는다네). I'm Jewish(나는 유대인이라네)."

교수님의 예상치 못한 답변에 당황스러움을 느꼈다. 미국인들은 당연히 모두가 크리스마스를 기념할 것이라 생각하고 교수님께 드린 말씀이었기 때문이다.

박해를 피해 미국으로 떠난 유대인들

1880년대부터 1920년대까지 200만 명이 넘는 유대인이 미국으로 이주해 왔다. 이는 러시아와 동유럽에 살고 있던 전체 유대인 인구의 3분의 1에 해당한다. 이들은 반유대주의 때문에 삶의 터전을 떠나야만 했다. 당시 유럽에서 유대인들은 포그롬pogrom을 겪어야 했는데 이는 유대인에 대한 공격이나 학살을 의미한다. 이러한 포그롬은 심지어 정부에 의해 용인되기도 했으며, 19세기와 20세기 초에 특히 러시아와 동유럽 지역에서 빈번하게 발생했다. 독일 나치의 등장은 반유대인 정서를 확산시킨 기폭제가 되었다. 이에 미국 정부는 인도주의적 차원에서 나치 독일로부터 고통받던 20만 명의 유럽 유대인 난민을 받아 주었다.

많은 유대인 이민자가 미국으로 건너오면서 자신들의 이름에서

유대계 러시아 이민자들

유대인적인 색채^{Jewishness}를 지워야 했다. 유대인들이 차별과 박해를 피해 미국으로 이주해 왔지만, 이미 그곳에 자리 잡은 주류 백인들의 반유대인 정서로 인해 생활을 영위하기 쉽지 않았다. 그로 인해 자신들의 성^{last name}에서 유대계 러시아 또는 동유럽계 출신임이 드러나는 '-skis'나 '-vitches'를 빼버리거나 '레빈스키^{Levinsky}'라는 성을 '레빈^{Levin}'으로 바꾸었다. 또한 자신들의 이름을 영어식으로 변경하여, '보클로위츠^{Bochlowitz}'는 '버클리^{Buckley}'로, '제이컵슨^{Jacobson}'은 '잭슨^{Jackson}'으로, '모이셰^{Moishe}'는 '모리스^{Morris}'로, '브레이나^{Breina}'는 '비어트리스^{Beatrice}'로 개명하였다.

유대계 이민자들은 여러 면에서 주류 백인들과 달랐다. 영어를 구사하지 못했으며, 고국을 떠날 때 많은 돈을 가져올 수 없었기 때문에 가난했다. 또한 유대인들은 유대교에 따른 자신들의 명절을 따르고 있었다. 하지만 이들이 미국에 정착하면서 크리스마스 같은 미국식 명절 문화를 접하게 되었다. 유대인들은 '봉헌'이라는 의미를 가진 하누카Hanuka, 수전절라는 명절이 따로 있어서 크리스마스를 명절로 기념하지 않는다. 그럼에도 불구하고 유대인들은 주류 미국인들이 크리스마스에 가족과 친지들이 함께 모여 가족애를 나누는 모습을 문화의 한 부분으로 받아들였다.

동화, 기회, 포용을 위한 노래를 만들다

크리스마스를 종교가 아닌 문화의 형태로 소화하면서 유대계 미국인들은 크리스마스 캐럴을 만들기 시작한다. 그 이유는 동화assimilation, 기회opportunity, 그리고 포용inclusion과 관련이 있다.

첫째, 유대인들은 크리스마스 캐럴을 통해 자신들이 그토록 동화되고 싶은 미국 주류들의 희망과 꿈을 실현해 보고자 했다. 1940년대 미국은 제2차 세계 대전으로 인해 심각한 위기 상황에 빠져 있었으며, 국민들은 전쟁의 공포 속에서 자신들의 세상이 언제든 무너질 수 있다는 두려움을 안고 살아가야 했다.

유대계 작곡가들은 크리스마스 노래를 통해 고달픈 미국인들에게 삶의 희망과 위안을 주려고 했다. 그 대표적인 곡이 바로 1941년 러시아 태생의 유대계 이민자 출신인 어빙 벌린Irving Berlin(본명 이즈리얼 베일린Israel Beilin)이 만든 〈화이트 크리스마스〉이다. 제2차 세계 대전으

어빙 벌린

로 수백만 명의 청년들이 전장으로 보내졌고 처음으로 집을 떠나 가족들과 함께할 수 없게 된 상황에서 〈화이트 크리스마스〉는 집과 가족에 대한 열망과 향수를 불러일으켰다.

또한 이 노래는 단순히 크리스마스를 기념하기보다는 자신과 가족에 대해 되돌아볼 수 있는 메시지를 담고 있었다. 〈화이트 크리스마스〉는 전쟁 속에서 생사를 다투고 있는 수백만 명의 사람들에게 과거 행복했던 크리스마스 추억을 떠올리게 함으로써 공포와 피로에 지친 이들의 마음을 달래 주었다.

〈화이트 크리스마스〉의 경이적인 성공은 다른 유대인 작곡가들에게 큰 영감을 주었고, 이들이 또 다른 크리스마스 캐럴을 작곡하는 원동력이 되었다. 조지 와일George Wyle, 에디 폴라Eddie Pola, 펠릭스 버나드Felix Bernard, 제이 리빙스턴Jay Livingston, 레이 에번스Ray Evans, 글로리아 셰인 베이커Gloria Shayne Baker, 로버트 웰스Robert Wells 등이 다음과

영화 〈화이트 크리스마스〉의 한 장면

같은 크리스마스 캐럴을 만들었다.

〈Do You Hear What I Hear?〉, 〈Silver Bells〉, 〈The Christmas Song〉, 〈Rudolph Reindeer〉, 〈A Holly Jolly Christmas〉, 〈Rockin' around the Christmas Tree〉, 〈Winter Wonderland〉, 〈It's the Most Wonderful Time of the Year〉, 〈Let It Snow! Let It Snow! Let It Snow!〉

이러한 크리스마스 캐럴은 유대인 작곡가들이 미국인으로서 애국심을 표현할 기회를 제공하였고 이들이 어느 정도 미국의 지배적인 기독교 문화에 동화되었음을 보여 주었다. 결과적으로 이 노래들은 크리스마스를 일종의 문화적 축제로 만드는 계기를 마련해 주었다.

둘째, 대부분의 크리스마스 캐럴이 만들어진 20세기 초반은 음악 산업에 유대인들이 몰려든 시기였다. 그 이유는 음악 산업이 당시 만연했던 반유대주의에 물들지 않았던 산업 중 하나였기 때문이다. 당시 미국에서 유대인들은 고등 교육, 고용 그리고 주거에 제한을 받고 있었다. 이에 많은 유대인 작곡가들은 엔터테인먼트 산업에 뛰어들어 자신들만의 아메리칸드림을 이루고자 했다. 1923년 1퍼센트에 머물던 미국 가정의 라디오 수신기 보급률이 1937년 75퍼센트까지 급증함에 따라 엔터테인먼트 시장이 발전하게 되었다. 라디오를 통해 전파되는 크리스마스 캐럴을 작곡하는 것은 자신이 유대인임을 드러내지 않고 미국 사회에서 성공할 수 있는 좋은 기회였다.

셋째는 포용이다. 크리스마스 캐럴은 서로 다른 배경을 지닌 사람들 모두가 공감할 수 있도록 당시 미국인들에게 필요했던 희망과 꿈 그리고 포용의 메시지를 담아야 했다. 이에 따라 유대인 작곡가들은 종교적 색채에서 벗어나 일상적인 주제(예를 들어 눈, 눈사람, 겨울밤, 순록)들을 모티브로 삼아 캐럴을 작곡했다. 결과적으로 유대인 작곡가들은 크리스마스가 기독교인들뿐만 아니라 모든 이가 즐길 수 있는 명절이 되도록 크리스마스 문화 대중화에 기여한 것이다.

즉, 누구나 공감할 만한 주제를 가지고 당시 미국 사회가 필요로 했던 위로와 화합의 메시지를 노래를 통해 전달하고자 한 점이 유대인 작곡가들이 크리스마스 캐럴 시장에서 성공을 거둘 수 있었던 비결이었다.

미국 원주민의 애환이 담긴
'프라이브레드'

다양한 부족들로 구성된 미국 원주민들의 식습관은 주변 환경에 따라 서로 다르게 발전해 왔다. 그럼에도 불구하고 지금까지 전해져 내려오는 전통 음식이 있는데, 그 대표적인 사례가 원주민 가정에서 흔히 볼 수 있는 '프라이브레드fry bread'이다. 기름으로 튀겨진 빵을 뜻하는 프라이브레드는 미국 원주민들이 생존을 위해 몸부림칠 때, 이들에게 위안을 주는 음식이었다.

미국 원주민들의 전통 식문화

미국 원주민들의 대표적인 주식은 옥수수maize, 콩, 그리고 호박squash이었다. 이 3가지 작물은 자연 친화적으로 상호 간에 이로운 혜택을 주며 재배된다는 점에서 '세 자매Three Sisters'라는 별칭이 붙여졌다. 옥수수는 토양에서 질소를 흡수하고, 콩은 질소를 보충했다. 옥수수 줄기는 콩 덩굴손의 덩굴 기둥을 제공하고, 넓은 잎 호박은 땅으로부터 낮게 자라서 토양을 그늘지게 했다. 이로 인해 토양은 마르지 않고 수분을 유지할 수 있었으며, 궁극적으로는 잡초의 성장을 억제했다.

원주민들은 또한 사냥과 채집을 통해 필요한 단백질과 비타민을 섭취했으며, 메이플시럽으로 당을 보충했다. 미국 중부 대평원에 살고 있던 원주민들은 주로 버펄로, 사슴 그리고 영양을 사냥했다. 우리가 오늘날 즐기는 육포가 이 원주민들에게서 유래했다. 원주민들은 고기를 말리는 것이 고기를 오랫동안 보존할 수 있는 효과적인 방법이라는 것을 알았다. 그래서 뼈에서 고기를 발라낸 뒤 소금과 향신료

세 자매: 옥수수, 콩, 호박

백인들의 버펄로 학살

를 뿌려 말렸다. 육포를 영어로 '저키jerky'라고 하는데, 이 단어는 '말 린 고기'를 뜻하는 원주민 단어에서 유래되었다. 미국 어류 및 야생동 물관리국The US Fish & Wildlife Service에 따르면, 유럽인들이 북미 대륙에 건너왔을 때 대평원에는 3,000만에서 6,000만 마리의 버펄로가 살 았다고 한다. 이후 자신들의 땅을 지키려는 원주민들을 굶겨 죽이기 위해 백인들은 버펄로 대학살을 자행했다. 그 결과 1890년대 북미에 는 1,000마리 미만의 버펄로만 남게 되었다.

강제 이주와 정부의 식량 배급으로 인한 원주민의 식습관 변화 미국 원주민 문화는 자연과의 조화에 기 반을 두고 있다. 원주민들은 동물, 식물, 물, 그리고 모든 자연물을 저마다 가치

있는 존재라 여기며 소중하게 다루었으며, 사냥이나 식물을 채집하

'눈물의 길'을 걷고 있는 크리크(Creek) 원주민

는 경우에는 가능한 한 자원을 훼손하지 않도록 주의를 기울였다. 하지만 미국 원주민들의 자연 친화적인 식습관은 보호구역Indian reservation으로의 이주를 계기로 변하게 되었다. 1830년 연방 인디언 이주법Federal Indian Removal Act에 따라 10만 명 이상의 원주민들은 지금의 오클라호마주로 강제 이주를 당해야 했다. 1864년 남서부에 거주하던 나바호족Navajo 8,500여 명은 애리조나주 북동부와 뉴멕시코주 북서쪽에서 동쪽의 보스키 레돈도Bosque Redondo까지 거의 500킬로미터에 이르는 먼 거리Long Walk를 도보로 이동해야만 하는 고초를 겪었다. 혹독한 겨울에 진행된 이주 과정에서, 약 200명의 원주민이 추위와 굶주림으로 목숨을 잃었다. 또한 1868년 '눈물의 길Trail of Tears'을 따라 약 10만 명의 체로키^{Cherokee}, 머스코지^{Muscogee}, 세미놀^{Seminole}, 치커소^{Chickasaw} 및 촉토^{Choctaw} 원주민들이 오클라호마로 강제로 이주당했으며, 이 과정에서 15,000명에 가까운 원주민들이 질병과 기근으로 죽게 되었다.

강제 이주된 보호구역은 경작이 불가능할 정도로 황량한 토지가 대부분이었으며, 원주민들이 전통적인 사냥과 채집을 이어 나가기에도 적합하지 않은 환경이었다. 결국 보호구역 내 원주민들은 연방 정부가 제공하는 식량* 배급에 의존할 수밖에 없었다. 미국 정부는 본래 이주한 원주민들이 식량을 자급할 때까지만 임시방편으로 식량을 제공하려고 했었다. 하지만 문제는 원주민들의 전통적인 식습관을 전혀 고려하지 않은 채 식량 배급이 이루어졌다는 점이다. 다른 대안이 없던 원주민들에게 정부의 배급품은 배고픔을 해결할 유일한 식재료였다. 이는 원주민들의 식습관에 극적인 변화를 가져오게 된 계기가 되었다.

생존을 위해 만들어진 음식 프라이브레드

정부의 배급품들로 원주민들이 요리할 수 있는 방법은 한정되어 있었다. 제공된 밀가루를 다른 재료들과 섞어서 반죽을 만들어 튀기는 것이 이들이 선택할 수 있는 최상의 먹거리였다. 그 결과 프라이브레드로 알려지게 된 납작한 빵이 만들어졌다.

★   가공 밀가루, 라드(돼지비계를 정제하여 하얗게 굳힌 것), 커피, 설탕, 통조림

프라이브레드

빵을 튀기는 조리법은 한정된 재료의 열량을 극대화해 보다 더 많은 구성원이 에너지를 얻을 수 있도록 하는 생존 전략에서 비롯된 자구책이었다. 주로 밀가루, 설탕, 라드 등의 가공식품으로 만들어진 프라이브레드는 미국 원주민 공동체에 많은 변화를 가져왔다. 첫째, 기존에 친환경적인 식재료에 익숙한 원주민들이 가공식품을 섭취하게 됨으로써, 원주민의 식습관에 변화가 일어났다. 둘째, 프라이브레드로 인한 식습관의 변화는 원주민의 건강 악화를 초래했다. 원주민들이 본래 섭취하던 친환경적인 음식들은 식이섬유와 영양소가 풍부했지만, 프라이브레드는 몸에 좋은 영양소가 부족했다. 특히 프라이브레드 같은 튀긴 빵의 높은 칼로리와 포화 지방은 건강 문제를 유발했다. 그래서 원주민들은 비만으로 인한 당뇨병, 심장 질환 및 기타 만

성 질환을 겪게 되었다. 셋째, 그럼에도 불구하고 프라이브레드는 원주민들이 극한의 생존 상황을 견딜 수 있도록 해준 상징적 음식이다. 강제 이주, 식량 배급, 문화 찬탈 같은 어려움 속에서 원주민들은 새로운 환경에 적응하고 살아남기 위해 새로운 식품과 요리법을 개발했다. 혹자가 보기에는 단순한 튀김 빵 같겠지만, 원주민들에게 프라이브레드는 생존을 위한 처절한 몸부림이 담긴 음식이었다. 원주민들은 프라이브레드를 바라보며 역사적 외상과 문화적 손실에 대한 복잡한 감정을 연상하기도 한다.

다양한 이민자 그룹이 종사하는 주류 직업군

미국에 정착한 다양한 이민자 그룹들은 특정 직업군에 집중되는 경향을 보인다. 예를 들어 많은 인도계 미국인이 숙박업에 종사하고 있고 미국 모텔 중 60퍼센트를 소유하고 있다. 흑인들이 주 고객인 미용용품점의 70퍼센트는 한국계 미국인이, 그리고 네일 숍의 50퍼센트가량은 베트남계 미국인들에 의해 운영되고 있다. 필리핀계는 주로 간호직에 종사하며, 미국 내 등록된 간호사의 4퍼센트를 차지하고 있다. 중국계는 40,000개 이상의 중국 레스토랑을 운영하고 있는데 이는 미국의 맥도널드, KFC, 피자헛, 타코벨, 웬디스를 모두 합친 것보다 많은 숫자이다.

이처럼 출신이 다른 이민자들이 특정 직종에 집중되는 현상이 일어난 이유는 무엇일까? 이러한 직종들은 주류 직업군으로의 진출에 제약을 받았던 이민자들이 선택할 수 있는 일종의 틈새시장이었다. 인도계, 한국계 그리고 베트남계 이민자들의 직업 선택 과정을 들여다봄으로써, 우리는 이에 감춰진 미국 이민자 문화의 한 단면을 엿볼 수 있다.

미국 모텔 산업의 주류가 된 인도계 이민자들

미국에 가면 흔히 볼 수 있는 모텔 체인으로는 베스트 웨스턴Best Western, 홀리데이 인 익스프레스Holiday Inn Express, 슈퍼 에이트 모텔Super 8 Motels 등이 있다. 이는 모두 인도계 미국인들이 소유하고 있다.

인도계 이민자들은 현재 미국의 모텔 및 호텔 산업을 견인해 온 가장 영향력 있는 그룹이다. 이들의 숙박업 진출은 1960년대와 1970년대에 미국으로 이민 온 구자라트Gujarat주 출신의 파텔Patel이라는 성을 가진 인도인들에 의해 시작되었다.

1965년 이민법 개정 이후 많은 인도인이 미국으로 이주했다. 이들 중 다수는 엔지니어, 의사 등 전문직에 종사했지만 일부는 인도에서 숙박 업체를 운영했던 소규모 자영업자이기도 했다. 이 경험을 바탕으로 인도인들은 다른 사업에 비해 초기 투자 비용이 비교적 저렴한 숙박업에 진출하여 아메리칸드림을 실현하고자 하였다.

그렇다면 인도계 이민자들이 숙박업에서 성공할 수 있었던 비결은 무엇이었을까? 이들의 가족 중심적 사업에서 성공 요인을 찾을 수 있다. 가족 구성원들이 모텔과 호텔 운영에 직접적으로 관여하면서 인건비를 크게 줄일 수 있었고, 이로 인해 타 숙박업체들에 비해 상

베스트 웨스턴

대적으로 저렴한 가격으로 서비스를 제공할 수 있었다. 이들의 성공은 또 다른 인도계 미국인들을 숙박업 분야에 유입시키는 효과를 가져왔다. 숙박업에 종사하던 기존 인도계 미국인들은 다른 이민자들에게 파트너십을 제공하고 모텔 구매에 필요한 대출을 받을 수 있도록 도와주었다. 숙박업에 진출하는 인도인 수가 증가함에 따라 이와 관련된 분야의 인도계 미국인 고용이 늘어나는 선순환 구조가 창출되었다. 인도계 미국인들은 초창기에 도시 외곽에 위치한 저렴한 모텔들을 운영했지만, 점차적으로 규모가 큰 도심의 호텔로 사업 영역을 확장해 나갔다.

미국 뷰티 시장의 중심, 한인 미용용품점

1965년, 미국의 이민법 개정으로 미국으로 오는 한국인의 이민율이 급격하게 증가하였다. 한국계 이민자들은 한인 커뮤니티에서 활발하게 소통하였으며, 이 커뮤니티는 자신만의 사업을 꿈꾸던 한국계 이주민들이 창업할 수 있는 발판이 되었다. 흑인들이 주 고객인 미용용품 시장은 한국계 미국인들이 진출한 대표적인 분야로, 성공한 한인 사업가들을 많이 배출해 냈다. 미용 산업에서 한인들이 거둔 성공은 또 다른 한국 이민자들이 이 사업에 진입하는 계기를 마련해 주었다. 신규 창업주들은 이미 시장에 자리 잡은 한인 업주들을 통해 상권 분석, 유통망 구축, 매장 운영에 관한 노하우를 전수받을 수 있어 창업 리스크를 줄일 수 있었다. 이러한 네트워크를 기반으로 한국계 미국인들은 미용용품 산업을 선도하는 그룹으로 부상하게 되었다.

한인 미용용품점을 성공으로 이끈 아이템 중 하나는 바로 가발이다. 한인들은 1960년대 당시 주로 방문 판매로 이루어지던 가발 판매 방식을 바꾸어 자신들의 미용용품점에서 가발을 팔기 시작했다. 매장에서 가발을 판매하자 구매가 한결 편리해졌고, 다양한 제품이 진열되어 있어 선택의 폭도 더 넓어졌다. 가발은 특히 흑인 여성들 사이에서 인기가 높았고, 매출의 상당 부분을 차지하는 효자 상품이 되었다.

초기에 가발 위주의 상품을 판매했던 한인 매장에서는 점차 다양한 제품군을 선보이기 시작했다. 주요 고객층인 흑인들의 소비자 욕

한인 미용용품점에 진열된 가발

구를 반영하기 위해 이들의 피부 톤이나 헤어스타일에 맞는 제품을 갖추어 두었고, 대중적인 미용 브랜드에서 흔히 찾아볼 수 없는 제품들도 구비해 두었다. 이러한 판매 방식의 변화와 다각화를 통해 한인 매장들은 미용용품 산업에서 경쟁적 우위를 점하게 되었다.

한인들에 의한 강력한 공급망 통제는 미용용품점의 또 다른 성공 요소 중 하나였다. 한국은 전 세계적으로 K-뷰티라고 불리는 혁신적인 화장품 산업으로 잘 알려져 있다. 미용용품점을 운영하는 많은 한인 이민자들은 미국에서도 유명한 한국 화장품을 수입하기 시작했는데, 이들은 한국 제조업체와 네트워킹을 활용하여 소비자 니즈를 충족시키는 다양한 제품을 들여올 수 있었다. 게다가 중간 유통망을 거치지 않은 제조업체와의 직거래를 통해 더 저렴한 비용으로 제품을 확보하였고, 그 덕분에 타 업체들보다 경쟁력 있는 가격으로 고객을 사로잡을 수 있었다. 이러한 독점적 공급망 관리와 고객들의 다양한 욕구를 반영한 상품 구비는 한인 미용용품점이 미국 뷰티 시장에서 자리 잡는 데에 중요한 역할을 했다.

베트남계, 미국의 네일 숍을 지배하다

베트남계 이민자들이 미국 내 80억 달러 규모의 네일 산업을 지배하게 된 이유는 무엇일까? 이는 1975년 사이공 함락Fall of Saigon★ 이후 할리우드 스타 티피 헤드런Tippi Hedren과 관련된 일화에서 찾아볼 수 있다.

당시 구호 단체의 코디네이터였던 헤드런은 1975년에 캘리포니아 새크라멘토시에 있는 베트남 난민 캠프를 방문했다. 그녀는 이곳에서 베트남 여성 20명에게 미국 정착 교육의 일환으로 네일 케어 기술을 가르쳤다. 이는 당시 영어 구사에 어려움을 겪던 베트남 난민들이 소규모 자본으로 창업할 수 있는 아이템이 네일 숍이라는 판단에서 비롯되었다.

이곳에서 과정을 수료한 20명의 난민들은 네일 기술 자격증을 취득한 후 미국

티피 헤드런

★　1975년 4월 30일, 베트남 공화국의 수도인 사이공(현재의 호찌민시)이 북베트남과 베트콩(남베트남 민족 해방 전선)의 공격으로 함락되었던 사건이다. 이로써 베트남 전쟁은 북베트남의 승리로 종식되었다.

전역으로 퍼져 나갔으며, 네일 기술을 다른 베트남 난민들에게도 전파하기 시작했다. 이로 인해 베트남 이민자들의 네일 숍 창업이 활성화되었으며, 여기에 이들의 가족들까지 합류하게 되면서, 네일 산업은 베트남계 커뮤니티의 경제 기반으로 자리 잡게 되었다.

베트남계 미국인이 운영하는 네일 숍은 공격적인 할인 혜택을 통해 일반인들의 네일 케어 이용 접근성을 높이고자 했다. 1970년대 매니·페디mani-pedi* 서비스 가격을 현재 가치로 환산하면 275달러 이상으로, 일반적인 소득 수준의 미국인들이 이용하기에는 부담스러운 가격이었다. 베트남계 미국인들이 운영하는 네일 숍에서는 업계 평균 금액의 반도 안 되는 가격으로 서비스를 제공했으며, 이를 계기로 네일 관리가 폭발적인 인기를 끌며 대중화되었다. 이들로 인해 현재 매니·페디 서비스 가격은 평균 35달러에서 60달러 사이로 낮아졌다.

한편, 베트남 난민들에게 네일 숍은 단지 생활을 영위하기 위한 일자리 그 이상의 가치를 지니고 있다. 이들에게 네일 숍은 새로운 터전에서의 생존 기반이자, 베트남에 남아 있는 가족들을 재정적으로 지원해 줄 수 있는 경제 기반이었다. 실제로 미국에서 베트남으로 이루어지는 송금액은 베트남 경제의 8퍼센트(140억 달러)를 차지할 정도로 규모가 크다. 또한 1세대 베트남 부모들의 네일 숍 사업은 자녀의 성공이라는 아메리칸드림을 실현시켜 줄 수 있는 발판을 마련해

★ 손톱 손질을 뜻하는 manicure와 발톱 관리를 뜻하는 pedicure를 합친 말로 손발톱 관리를 아울러 이른다.

주었다.

　이처럼 인도계, 한국계, 그리고 베트남계 이민자들이 미국 내 틈새시장에 진출한 과정은 미국 이민자 문화의 다양성을 이해하는 기회가 될 수 있다. 인도인 소유의 모텔에서 하룻밤을 보내고 다음 날 점심은 중국인이 운영하는 중국 레스토랑에서 맛있게 먹고 난 뒤 기분 전환을 위해 찾은 네일 숍에서는 베트남 사람들이 여러분을 반갑게 맞이해 줄지도 모른다. 또, 차를 타고 가다 뷰티 서플라이 숍^{beauty supply shop} 간판을 보게 된다면 아메리칸드림을 꿈꾸는 한인 교포의 삶을 떠올려 볼 수 있을 것이다.

인종차별의 상징이었던
'수박'

우리가 여름철에 즐겨 먹는 수박은 전 세계에서 바나나 다음으로 두 번째로 가장 많이 재배되는 과일이다. 하지만 미국 흑인들에게 수박은 우리가 모르는 남다른 의미를 지니고 있다. 과연 어떤 의미일까? 과거 미국 사회에서 수박은 비천한 흑인들이 먹는 저급 작물이라는 인식이 팽배했다. 이러한 수박에 대한 고정관념의 기원은 흑인들과 관련된 역사, 인종적 편견, 문화적 영향에서 찾아볼 수 있다.

수박, 노예들과 함께 미주 대륙으로 건너가다

본래 아프리카가 원산지인 수박은 유럽인들이 미국에 정착하기 전부터 수천 년 동안 아프리카 전역에서 재배된 과일이었다. 아프리카인들이 미국에 노예로 끌려오면서 그들이 재배했던 수박 또한 미주 대륙으로 전파되었다. 수박은 남부 지역의 고온 다습한 기후에서 재배하기 적합한 농작물이었다. 수박 재배는 흑인 노예들의 노동과 깊이 관련되어 있다. 이들은 종종 농장에서 수박을 재배하고 수확하는 임무를 맡았다. 흑인들은 힘든 노예 생활 속에서 수박의 상쾌한 맛을 위안으로 삼았으며, 수박의 재배를 통해 타지에서라도 아프리카의 문화적 전통을 지켜나가고자 하였다.

하지만 노예 제도를 옹호하는 백인들은 수박에 담긴 흑인들의 정서를 정치적으로 이용했다. 백인들은 수박이 흑인들이 지닌 인종적 '단순함'을 상징하며, 이들이 수박을 즐기는 모습은 노예로서의 삶에 대한 만족을 나타낸다고 주장했다. 그들은 흑인 노예들이 자유와 권

노드럽 킹 시드(Northrup King Seed) 회사 창사 30주년 광고

리를 감당할 수 있는 지성이 부족하고 태생적으로 미개한 인종이라고 주장하며 이를 정당화하기 위해 거짓된 이미지를 덧씌웠다. 수박은 고된 노동으로부터 위안을 얻는 흑인들의 소울 푸드였으나, 백인들은 이를 겨우 과일 따위로 행복해하는 비문명화된 흑인의 상징으로 왜곡했다.

**수박,
문화 전쟁의
도구가 되다** 수박은 노예 제도에서 해방된 흑인들에게 경제적 자립을 가져다준 고마운 과일이기도 했다. 흑인들은 수박 재배를 이어 나가며 수박의 상품화에 눈을 떴고, 수박 판로를 개척해 수익을 창출해 나갔다. 또한 자신들의 정원에서 기른 수박 판매를 통해 노예 생활에서 느껴보지 못했던 진정한 자유를 만끽할 수 있었다.

그러나 남부 백인들에게 흑인들의 성공은 자신들이 지닌 인종적 우월감에 대한 도전이자 모욕이었다. 흑인들이 시장에 진출한 지 얼마 되지 않아, 다양한 언론 매체들을 통해 흑인을 비하하는 기괴한 캐리커처가 등장하기 시작했다. 그 목적은 두 가지 의도를 내포하고 있었다. 첫 번째는 흑인 상인들을 분열시키기 위한 목적이었다. 백인들은 수박을 훔치거나, 수박을 가지고 다투거나, 또는 길거리에 앉아 수박을 먹는 흑인들을 묘사함으로써 수박을 판매하는 흑인 상인들에게 수치심을 심어 주었다.

두 번째는 흑인들은 게으르고 불결하며 문명화될 수 없는 존재라는 점을 부각하기 위한 것이었다. 그래서 신문에 실린 풍자만화들은

수박을 게걸스럽게 먹는 흑인을 묘사한 1911년 엽서

누더기를 걸친 채 맨손으로 수박을 게걸스럽게 먹는 흑인들의 이미지를 주로 보여 주었다. 또한, 20세기 초반까지만 해도 신문, 잡지, 광고 등에서 흑인을 비하하는 인종차별적 인물화가 성행하였다. 이러한 인물화에서 흑인들은 게으르고 유아적이며 종속적인 인간으로 묘사되고 있으며, 수박은 이들의 단순함과 낮은 지적 수준을 보여 주는 상징물로 사용되었다.

19세기와 20세기 초반 백인 배우들이 검은 인물로 분장하여 공연하는 〈민스트럴 쇼minstrel show〉는 이와 같은 흑인들에 대한 왜곡된 이미지를 대중들에게 전파하는 데 일조하였다. 또한 1915년에 개봉한 D. W. 그리피스 감독의 백인 우월주의 서사 영화 〈국가의 탄생The Birth of a Nation〉은 흑인들의 '수박 향연' 장면을 넣어 흑인과 수박 간의 고정관념을 더욱 강화시켰다. 이 영화는 백인들이 해방된 노예들에게 수박이나 즐기라고 조롱하는 장면을 담고 있다. 이는 해방된 노예

수박 더미 주위에서 춤을 추는 흑인들

들은 미국 사회에서 자유를 누릴 자격이 없으며, 쓸모없는 잉여 인력이라는 점을 강조하기 위함이었다.

결론적으로 흑인들에게 수박은 자신들의 자유를 위한 경제적 자립 수단이었지만, 백인들에게는 흑인들을 폄하시키는 도구로 이용되었다.

이처럼 수박으로 흑인들을 비하하는 대표적인 모습을 흑인들의 신체적 특징을 희화화한 캐리커처에서도 엿볼 수 있다. 카툰에 등장한 흑인들은 흉측한 얼굴, 지나치게 과장된 두툼한 붉은 입술, 그리고 너덜너덜한 누더기를 걸치고, 수박을 먹고 있다. 흑인을 미개인으로 묘사한 왜곡된 이미지는 세대를 걸쳐 지속되어 왔으며, 오늘날의 흑인 세대들이 수박을 멀리하고, 더 나아가 흑인과 관련된 수박 이야기가 금기시되는 결과를 낳게 되었다. 문화적으로 예민한 문제가 될 수 있으니 혹시 흑인들과 마주한다면 수박과 관련한 이야기를 나눌 때는 주의할 필요가 있다.

루이 암스트롱의
〈왓 어 원더풀 월드〉 세상은
'낫 어 원더풀 월드'였다

1967년에 발매된 동명의 앨범 수록곡인 〈왓 어 원더풀 월드What a Wonderful World〉는 미국의 재즈 뮤지션 루이 암스트롱Louis Armstrong이 부른 노래이다. 이 곡은 암스트롱의 가장 잘 알려진 노래 중 하나로, 그 특유의 감미로운 목소리와 트럼펫 연주로 유명하다. 노래에 담긴 가사는 자연의 아름다움과 긍정적인 삶에 대해 강조한다. 암스트롱이 이 노래를 통해 전하는 메시지는 무엇이었을까? 이 노래 가사에는 현재 고난으로 얼룩진 인생을 살아가더라도 희망의 끈을 놓지 않는다면 언젠가는 행복한 삶을 누릴 수 있다는 메시지를 담고 있다. 이러한 메시지는 불우했던 환경과 인종차별의 벽을 극복하고 유명한 재즈 연주가로의 성공을 꿈꿨던 암스트롱 본인의 삶에 대한 역설적 이야기이기도 하다.

**불우한 환경에
좌절하지 않고
기회를 만들어 가다**

암스트롱의 유년기는 불행 그 자체였다. 1901년 뉴올리언스에서 태어난 그는 흑인 게토ghetto, 빈민가의 홍등가에서 어린 시절을 보냈다. 술집, 도박장, 매춘부들이 난립했던 그곳은 폭력이 만연하여 '전장the Battlefield'이라고 불렸다. 15살 때 암스트롱을 낳은 어머니는 낮에는 가정부 일을 다녔으며, 밤에는 때때로 매춘부로 일했다. 어린 시절 아버지가 가족을 버리고 떠나는 바람에 암스트롱은 학업을 중단하고 생계를 위해 일해야 했다. 그래서 그의 정규 학력은 초등학교 5학년에서 멈춰 있다. 암스트롱은 신문을 팔고, 쓰레기를 주웠고, 매춘부들에게 난방에 필요한 석탄을 팔았다. 12살이 되던 새해 전야에 암스트롱은 계부의 권총을 공중에 발사한 혐의로 체포됐다. 이후 그는 보호 처분을 받은 청소년들을 재교육시키는 기관이었던 감화원에 보내지게 되었다.

감화원에서의 경험은 암스트롱이 개인으로서 그리고 음악가로서 성장하는 데 중요한 역할을 했다. 공식 명칭이 '컬러드 웨이프즈 홈

Few Juveniles Arrested.
Very few arrests of minors were made Tuesday, and the bookings in the Juvenile Court are not more than the average. Six white boys were arrested in Canal street for disturbing the peace, and one for being drunk. The most serious case was that of Louis Armstrong, a twelve-year-old negro, who discharged a revolver at Rampart and Perdido streets. Being an old offender he was sent to the negro Waif's Home. The other boys were paroled.

12살인 루이 암스트롱이 체포되었다는 현지 신문 기사

포 보이스Colored Waif's Home for Boys'인 감화원에서 암스트롱은 규율, 직업 윤리, 그리고 책임감을 배웠으며, 자신의 음악적 재능을 펼칠 수 있는 전기를 마련하게 된다. 그곳에서 다양한 악기를 접할 수 있었던 암스트롱은 감화원의 음악 선생님이었던 피터 데이비스Peter Davis의 지도 아래, 트럼펫과 유사한 금관 악기인 코넷 연주법을 익힐 수 있었다. 덕분에 암스트롱의 코넷 연주 능력은 빠르게 발전하여, 자신만의 독창적 음악 스타일을 구축할 수 있었다.

감화원을 통해 암스트롱은 규칙적인 생활 습관을 익힐 수 있었을 뿐만 아니라 정식으로 음악 교육을 받을 수 있는 기회를 제공받았다. 또한 감화원에서의 밴드 활동은 암스트롱이 음악적 재능을 발휘하고 대중들 앞에서 공연할 수 있는 발판을 마련해 주었다.

감화원을 나온 후 암스트롱은 '바버숍 쿼텟barbershop quartet'이라는 남성 사중창단의 멤버로 활동하며 성공을 거두었다. 중창단 활동을 통해 암스트롱은 보컬 능력을 향상시킬 수 있었을 뿐만 아니라 청중들과 소통하는 자신만의 독특한 방식을 구현해 나갈 수 있었다.

이처럼 감화원은 암스트롱이 음악가로서의 여정을 시작한 곳이었다. 그곳은 불우한 환경에서는 꿈꿀 수 없었던 값비싼 악기를 접할 수 있게 해 주었고, 음악 이론에 대한 체계적인 학습 기회를 제공해 주었다. 또한 음악적 멘토들과의 교류와 공연 등을 통해 재즈 연주자로 성공할 수 있는 기반을 마련할 수 있었다.

**꿈을 찾아
시카고로
떠나다**

이후 암스트롱은 지역 밴드의 도움으로 훌륭한 음악가로 성장했다. 그는 뉴올리언스의 유명한 코넷 연주가이자 자신의 롤 모델이었던 킹 올리버King Oliver의 음악을 들으며 실력을 연마해 나갔다. 1918년에는 킹 올리버가 몸담았던 '키드 오리 밴드Kid Ory Band'에 들어가 활약했다. 이때 암스트롱의 음악적 재능이 재즈 산업 주요 관계자들의 눈에 띄게 되었다.

당시 뉴올리언스는 흑인들에 대한 인종차별, 편견, 그리고 폭력이 난무하던 시기였다. 그래서 많은 재즈 연주자들 역시 차별을 피하고 기회를 찾고자 북부 도시들로 이주했는데, 그중 가장 인기 있던 곳이 시카고였다. 시카고는 당시 미국에서 음악과 문화의 중심지였다. 뉴올리언스에서 시카고로 옮겨 활약 중이었던 올리버는 1922년 암스트롱을 두 번째 코넷 연주자로 자신의 밴드 크리올 재즈 밴드Creole

1925년, 루이 암스트롱의 밴드

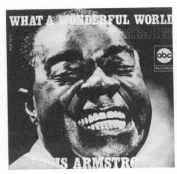
〈왓 어 원더풀 월드〉 앨범 커버

Jazz Band에 합류시켰다. 코넷 듀엣곡들로 비평가들의 찬사를 받은 암스트롱은 1923년에 그의 첫 솔로 음반 〈티어스Tears〉와 〈차임스 블루스Chimes Blues〉를 발표했다.

1950년대 초반 TV의 등장은 암스트롱의 음악을 보다 많은 대중에게 알릴 수 있는 계기가 되었다. 1960년대에는 암스트롱이 재즈 이외의 음악 장르를 탐구하는 시기였다. 그는 팝과 블루스 등 다양한 장르의 곡을 연주하면서, 자신의 음악적 스펙트럼을 확장해 나갔다. 1964년에는 〈헬로, 돌리Hello, Dolly〉라는 곡으로 최초로 빌보드 싱글 차트의 1위에 오르며 커리어의 정점을 찍었으며, 1967년에 이르러서는 우리에게 너무나 잘 알려진 〈왓 어 원더풀 월드〉가 발매되었다.

음악으로 희망과 화합의 메시지를 전하다

1967년 암스트롱이 〈왓 어 원더풀 월드〉를 발표했을 때, 당시의 미국 사회는 사회 불안과 갈등이 대내외적으로 폭발하던 시기였다. 1967년 여름, 미국 전역에서 158건의 폭동이 발생했는데 대부분 백인 경찰관들이 흑인들에게 가혹한 대우와 폭력을 행한 데서 기인했다. 폭동이 가장 격렬했던 디트로이트에서는 5일 동안 43명이 사망하고 약 7,200명이 체포되었으며 2,500개가 넘는 건물들이 약탈당하거나 파손되었다. 많은 사람이 이러한 폭동을 사회적 혼란을 야기하는 폭력

1963년, 흑인 민권운동

행위로 간주하였지만, 다른 한편에서는 차별로 핍박받던 흑인들이 억눌러왔던 분노를 한꺼번에 표출한 것으로 보기도 하였다.

한편 당시 미국이 참전했던 베트남 전쟁은 악화 일로를 걷고 있었다. 미군 사상자가 처음으로 한 해 11,000명을 넘겼을 뿐만 아니라 베트남 민간인의 사상자 수 역시 늘어나면서 미국 대중의 불만이 극에 달해 있었다. 1967년에는 베트남 전쟁에 대한 반전 시위가 전국적으로 발생했다.

베트남 전쟁에서 복귀한 흑인 군인들은 다른 나라의 민주주의와 자유를 지키기 위해 헌신했음에도 불구하고 정작 자신의 조국에서 극진한 대우는커녕 인종차별을 행하는 모순된 상황을 마주해야 했다. 흑인들의 이러한 불만이 결국 민권운동과 반전운동에 주도적으로 참여하게 된 결정적 계기가 되었다.

　이러한 격동기 속에서 루이 암스트롱은 많은 흑인으로부터 엉클 톰이라고 비난받았다. 백인 청중들을 대상으로 한 무대에서 과장되게 웃음 짓는 모습으로 인해 오해받은 것이다. 엉클 톰은 흑인들 사이에 널리 퍼진 고정관념을 가리키는 말로써, 해리엇 비처 스토Harriet Beecher Stowe의 소설 《엉클 톰스 캐빈Uncle Tom's Cabin》에 나오는 캐릭터인 엉클 톰에서 유래되었다. 엉클 톰이라 불리는 흑인들은 백인들에게 복종적이고 지나치게 공손하며, 흑인의 인종적 자부심과 존엄성을 희생하면서 백인들에게 기꺼이 봉사하고 기쁘게 하려는 사람들을 말한다. 비평가들은 암스트롱이 백인 청중들 앞에서 짓는 표정 연기도 문제이거니와, 흑인 차별 문제에 대해 백인들과의 적극적인 대립 구도를 지양한다는 점이 그가 엉클 톰이라는 고정관념을 강화하게 된 요인이라고 분석한다.

　이렇듯 많은 비평가들조차도 암스트롱을 엉클 톰이라는 고정관념에 부합되는 인물로 바라보았다. 그렇다면 암스트롱은 그 당시 만연하던 인종차별 문제에 대해 침묵하기만 했을까? 그렇지 않다. 암스트롱은 〈왓 어 원더풀 월드〉 같은 노래를 통해 인간의 본질적인 아름다움과 선함이 세상의 어려움과 분열들을 이겨낼 수 있다고 보았다. 노래의 가사는 자연의 다양한 측면, 인간관계, 삶의 소박한 기쁨을 다루고 있다. 암스트롱은 세상의 긍정적인 측면과 모든 이가 공유할 수 있는 본질적 경험에 초점을 맞춤으로써, 사람들이 주변의 아름다움

《엉클 톰스 캐빈》 책 표지

과 선한 잠재력에 관심을 두기를 바랐다. 이러한 메시지는 당시 대립과 분열로 얼룩진 미국 사회가 추구해야 하는 화합이라는 궁극의 지향점을 내포하고 있다.

이러한 메시지는 그가 1929년에 발매했던 〈블랙 앤드 블루Black and Blue〉라는 곡에서도 잘 드러나 있다. 이 노래의 가사는 인종차별로 인해 흑인들이 받은 상처와 고통이 녹아있을 뿐만 아니라 이에 대한 사회적 변화를 촉진시키는 내용을 담고 있다. 암스트롱의 이러한 메시지가 드러난 〈블랙 앤드 블루〉의 가사를 소개해 보고자 한다.

내 안은 흰색이지만 내 경우에는 도움이 되지 않습니다.
내 얼굴에 있는 것을 숨길 수 없기 때문에요.
나의 유일한 죄는 내 피부에 있습니다.

검은색과 파란색이 되기 위해 제가 무엇을 했습니까?*

　이 가사는 인종차별에 대한 개인적인 경험과 인식을 전달하고 있다. 노래 제목인 〈블랙 앤드 블루〉의 의미 역시 폭력으로 인한 신체적 부상을 뜻한다. 이는 차별을 상징화는 관용구로써, 흑인들이 당했던 신체적, 정서적 학대를 묘사하는 데 자주 활용되었다. 루이 암스트롱은 〈블랙 앤드 블루〉를 통해 인종차별과 인종 분리로 고통받는 흑인들의 비참한 현실을 노래를 듣는 모든 이에게 알려 주려고 하였다. 이처럼 루이 암스트롱은 예술적 표현을 인종 문제와 사회적 불평등의 심각성을 이해시키는 수단으로 활용했다. 나아가 당시 미국 사회의 인종차별과 불공정한 대우에 대한 더 나은 이해와 변화를 추구하기 위해 앞으로 예술이 지향해야 할 점을 제시해 주었다.

　이외에도 암스트롱이 흑인들에 대한 인종차별과 불공정한 대우에 저항했던 몇 가지 사례들이 있다. 첫 번째, 암스트롱은 인종차별의 장벽을 자신의 재능과 실력으로 넘어섰다는 점이다. 암스트롱은 당시 백인들이 지배하던 연예 산업에서 흑인 예술가로서 성공을 거두며 인종적 편견에 도전했다. 더 나아가 그는 미국 내에서뿐만 아니라 세계적인 재즈 뮤지션으로 인정받음으로써, 재능과 기술이 인종에 따

★　　I'm white inside, but that don't help my case
　　　'Cause I can't hide what is in my face
　　　My only sin is in my skin
　　　What did I do to be so black and blue

라 다르지 않다는 점을 보여 주었다. 이를 통해 암스트롱은 흑인들에게 차별적 사회 규범에서 오는 어려움들을 극복하고 성공을 이뤄낸 롤 모델이 되었다.

두 번째, 암스트롱은 인종차별에 반대하는 목소리를 냈다. 1957년 9월, 아칸소주 리틀록에서는 9명의 흑인 학생이 법원 판결로 백인과 흑인이 함께 다니는 학교에 가는 도중, 주지사인 오르발 포버스Orval Faubus가 동원한 주 방위군들에 의해 등교가 저지되는 사건이 일어났다. 암스트롱은 이 인종차별 사건에 대한 항의로 국무부의 후원을 받은 소련 공연을 취소했다. 암스트롱은 흑인들에 대한 제도적 인종차별이 지속됨에도 불구하고 민주주의와 자유를 외치는 미국의 입장이 위선적이라고 비판했다. 또한 그는 인종 분리를 시행하는 장소에서의 공연을 거부했으며, 흑인 공연자들의 부당한 대우에 대한 불만을 앞장서서 제기하기도 하였다.

이렇듯 암스트롱은 자신만의 방식으로 미국 사회에 만연해 있던 인종차별에 도전하고, 평등을 위한 사회적 변화에 힘써왔다. 그는 '낫 어 원더풀 월드Not a Wonderful World' 속에서 '왓 어 원더풀 월드'를 꿈꾸었다. 그는 무대 위에서 아픔, 고통, 좌절의 이야기들을 웃으면서 풀어놓았다. 마치 '고통으로 더 이상 흘릴 눈물이 없을 때는 웃음밖에 남지 않는다'라는 말처럼, 그는 흑인으로서 견뎌야 했던 차별과 가난의 울타리를 긍정의 힘으로 이겨냈다. 암스트롱의 재즈에는 그런 영혼이 담겨 있다.

흑인들의 게토 문화-
총기 없는 세상을 꿈꾸다

내가 미국의 캔자스 대학교에서 'Introduction to American Studies (미국학 개론)'을 가르칠 때, 학생들에게 '내가 꿈꾸는 세상'이라는 주제로 발표 과제를 부여했던 적이 있다. 30명의 수강생 중 5명이 흑인학생이었는데, 이들 모두 흑인 빈민촌인 게토 출신으로 비싼 등록금을 감당하기에는 형편이 좋지 않아 체육 특기자 장학금을 받고 입학한 학생들이었다. 나는 게토 출신 학생들이 바라는 세상은 어떤 모습일까 매우 궁금했었다. 이들의 시선에 비친 세상을 두 명의 흑인 학생들이 발표한 내용을 통해 소개해 보고자 한다.

"저는 제가 사는 게토 거리가 아이들이 총에 맞을 걱정 없이 자유롭게 다닐 수 있는 곳이었으면 좋겠습니다."

"얼마 전에 저의 형이 달리는 차에서 쏘는 총을 맞고 하늘나라로

갔습니다. 하지만 이에 대해 그 어떤 방송이나 신문도 보도하지 않았습니다. 만약 백인이 똑같은 사고를 당했다면 언론에서 가만히 있었을까요? 저는 피부색에 상관없이 모두가 존중받는 세상에서 살고 싶습니다."

이들 중 한 명이 수업이 끝난 후 나에게 질문했다.

"Do you have a ghetto in Korea(한국에도 게토가 있나요)?"

나는 "한국에도 가난한 동네는 있지만 미국 게토와 같은 곳은 존재하지 않는다"라고 답을 해 줬다.

게토의 정의 및 형성 배경   미국 대부분의 대도시 도심지에는 게토가 형성되어 있다. 본래 게토는 유럽에서 유대인들끼리 모여 살도록 지정된 거주 제한 구역을 가리키는 용어였

흑인 게토

다. 하지만 지금은 미국에서 경제적 어려움과 사회적 제약에 직면한 소수 그룹(특히 흑인 그룹)의 도시 구역을 게토라고 부르고 있다.

게토는 미국의 노예 제도와 인종차별, 그로 인해 발생한 빈부 격차라는 역사적 배경을 내재하고 있다. 흑인들은 인종차별 제도로 인해 백인들로부터 격리된 지역으로 이주하게 되었으며, 이로 인해 형성된 빈민촌이 오늘날 게토의 시초가 되었다.

미국 사회 내 인종차별의 역사는 미국의 노예 제도로 거슬러 올라간다. 미국의 노예 제도는 17세기 초부터 19세기까지 지속되었으며, 이 시기에 흑인들은 자유를 박탈당하고 비인간적인 대우를 받았다. 노예 해방 이후에도 대다수의 흑인은 빈곤한 삶을 이어갈 수밖에 없었다. 이를 벗어나기 위해 흑인들은 제한된 기회라도 얻고자 도시로의 이주를 선택하게 된다. 인종차별과 경제적 빈곤에 시달리던 600만 명에 가까운 남부의 흑인들은 일자리 기회를 얻고자 20세기 초반부터 1960년대까지 이어진 흑인 대이동Great Migration을 통해 산업 중심지인 북부와 서부의 도시로 이주했다.

하지만 북부에서는 노예 제도만이 폐지되었을 뿐 흑인들에 대한 차별적 요소는 사회 전반에 그대로 남아 있었다. 이 당시에는 흑인들만을 대상으로 토지 사용을 규제하는 '제한 조약restrictive covenant'이 있었으며, 은행과 보험 회사는 특정한 지역에 붉은 선을 그어 경계를 지정하고 그 지역에 보험 가입이나 대출을 거부하는 이른바 레드라이닝redlining을 행했다. 이와 유사한 인종차별적 행위를 블록버스팅blockbusting이라는 제도에서도 엿볼 수 있다. 블록버스팅이란 부동산 중개인이나 개발업자가 인종에 따른 주거 분리를 위해 자행한 차별적 방식을 말한다. 만약 백인들이 흑인들의 거주지에 이주하려고 하면, 부동산 중개인이나 개발업자들은 이곳은 범죄가 만연하므로 주택 가격이 하락할 수 있다는 공포를 조장하여 백인의 유입을 원천 봉쇄하였다. 이들이 자행한 비윤리적 중개 방식은 백인 중산층이 교외 지역으로 이주하는 '화이트 플라이트white flight' 현상을 가속화하는 결과를 낳았다. 이러한 블록버스팅 관행은 인종차별을 부추기는 행위로 여겨져서, 1968년의 공정 주택 법안Fair Housing Act에 의해 금지되었다. 이 법은 모든 미국 시민이 주택을 선택할 평등한 기회를 보장받기 위해 제정되었다.

한편, 20세기 후반부터 미국 북부와 중서부 여러 도시들의 기반 산업이 몰락했다. 이로 인해 설상가상으로 일자리를 잃은 흑인들은 더욱 증가하였고 게토의 빈곤은 더욱더 심화하였다.

내가 경험했던 캔자스시티 게토

내가 살았던 곳에서 가장 가까운 대도시인 캔자스시티에는 미국에서 가장 유명한 쇼핑센터 중 하나인 캔자스시티 다운타운 플라자Kansas City Downtown Plaza가 있다. 이곳을 중심으로 백인 구역이 형성되어 있고 여기에서 몇 블록만 지나가면 게토가 위치해 있다. 캔자스시티 TV 방송국에서 거의 매일 여기에서 벌어지는 강도, 폭행, 살인 사건을 뉴스 속보로 다루기 때문에 많은 이가 이곳을 빈곤과 범죄가 일상화된 곳이라고 생각할지도 모른다.

게토는 정말 그런 곳일까? 반은 맞고 반은 틀리다. 나 역시 게토에 대한 편견의 희생자였다. 캔자스시티 게토의 중심지는 프로스펙트 거리Propect Avenue나 트루스트 거리Troost Avenue가 가로지르는 곳인데, 나는 이 거리의 한인 교포 가게 앞에서 강도를 당했다. 몇 명의 흑인들이 길을 지나는 나를 붙잡고 다짜고짜 돈을 요구했던 것인데 겁에 질린 나머지 즉시 지갑에서 돈을 꺼내 주었다. 그때, 놀랍게도 빗자루를 든 동양인 여성이 소리치며 다가와 그들을 쫓았다.

"저리 가! 당신들 때문에 많은 손님을 잃고 있잖아!"

중년의 그 여성은 근처에서 가게를 운영하는 한인 교포였다. 그녀는 이내 나를 돌아보며 부드럽게 말했다.

"너무 겁먹지 마세요. 여기 있는 소수의 나쁜 사람들이 흑인에 대한 당신의 고정관념을 이용해서 돈을 뜯어내려고 한 것뿐이에요."

이 이야기를 듣고 나 자신도 '게토의 흑인들은 언제나 위험한 사람'이라 생각하는 선입견을 가지고 있었음을 인정해야 했다. 언론과 영화에서 언제나 게토를 갱, 폭력, 총, 마약, 가난의 관점에서 다루었기 때문에, 나는 이들과 눈만 마주쳐도 죽을 수 있다는 왜곡된 시선을 가지고 있었던 것이다.

더욱이 그 사건은 나로 하여금 한인 교포 상인들의 게토 문화에 대한 이해와 흑인들과의 갈등 발생 시 대처 전략들에 대해 배우는 계기가 되었다. 한국 상인들은 게토에서 죽음이나 강도에 대한 지속적인 두려움을 가지고 가게를 운영하고 있었다. 그럴 만도 했던 것이 2008년 1월 8일, 32세의 교포 이 씨가 트루스트 거리에 있는 미용용품점 가게 안에서 총에 맞아 사망했다. 총기를 소지한 4명의 괴한이 가게에 들이닥쳐 가게 주인의 남편을 살해한 것이었다. 이 사건 이후, 다른 미용용품점의 한국인 직원들과 매니저들이 일을 그만두었다. 어느 한인 매니저는 이 총기 사망 사건이 자신이 1년 전 겪은 강도 사건의 트라우마를 악화시켰다고 말했다.

"저는 제 이마에 총구를 겨누며 언제든 방아쇠를 당길 준비가 된 그 손가락을 절대 잊지 못합니다. 저는 그 자리에서 죽는다고 생각했습니다. 그들이 계산대에 있던 모든 돈을 가지고 떠날 때까지 죽음의 공포에 갇혀 있었습니다. 제 삶과 죽음의 경계가 바로 그 방아쇠를 감싸고 있던 손가락이더군요. 그래서 게토에서 일하는 것에 질려 버려 그만두기로 결정했습니다."

또 어느 미용용품점 한인 교포 사장에게 강도를 만나 살해당하는 것을 두려워한 적이 있냐고 물은 적이 있다. 그는 이렇게 대답했다.

"우리는 우리가 언제 죽을지 모르죠. 어쩌면 한 시간 후 또는 내일, 아니면 20년 후가 될 수 있죠. 만약 제가 다음 주에 여기 게토에서 죽게 된다면, 그것은 다음 주에 제가 천국으로 가야 하는 운명이기 때문이겠죠. 저는 여기서 사업하는 것이 두렵지 않지만 직원들의 안전이 제일 걱정됩니다. 그래서 무슨 일이 있더라도 손님들과 다투지 말고 강도를 만나면 그냥 현금 서랍에서 돈을 꺼내 주라고 합니다. 왜냐하면 그들의 생명이 돈보다 더 가치 있기 때문입니다."

가게의 매니저 중 한 명이 다음과 같이 덧붙였다.

"우리는 그저 현금 서랍에서 돈을 꺼내서 강도들에게 줍니다. 강도를 당할 경우를 대비해 카운터 아래에 보안 벨이 있지만, 보안 버튼을 누른 후에도 경찰이 현장에 오기까지 오랜 시간이 걸리기 때문에 소용이 없습니다. 경찰조차도 게토에서 발생하는 범죄를 처리하는 것을 두려워하기 때문이죠."

하지만 그 역시 게토 흑인들에게 안타까운 마음을 가지고 있다고 했다.

"흑인 손님들이 우리 가게에서 문제를 일으키지 않는 한, 저는 그들을 위해 최선을 다합니다. 저는 제 인생에서 다양한 인종을 많이 만났습니다. 그래서 미국에서 흑인들이 어떻게 대우받는지 알고 있습니다. 이 빈민가에는 흑인 아이들이 놀 수 있는 장소가 많지 않습니다. 아침 일찍 부모들이 백인 동네에서 일용직으로 일하기 위해 집을 나서면 그 아이들을 돌봐 줄 사람들이 없습니다. 그래서 학교에 다니지 않는 아이들도 많고요. 여기서 월마트Walmart나 타겟Target 같은 대형 마트를 본 적이 있나요? 그 회사들은 손해 볼 것을 알기에 이곳에서 위험을 감수하며 사업을 하지 않습니다. 그나마 여기에 남은 것이라고는 허름한 구멍가게들과 한인 소유의 미용용품점뿐입니다. 우리 가게는 흑인 아이들의 놀이터 중 하나입니다."

게토에서 한인 상점 주인들과 흑인들 간에 갈등만 있는 것은 아니다. 대부분의 한인은 게토 흑인들과의 갈등을 최소화하고 화합하려는 노력을 하고 있다. 사실, 많은 한인 미용용품점 주인들은 '전미 흑인 지위 향상 협회National Association for the Advancement of Colored People'의 회원이다. 그리고 흑인들의 행사가 있을 때는 기부도 많이 하고 있다.

이들은 몇몇 흑인 고객들의 잠재적인 위험을 최소화하기 위한 최선의 전략은 흑인들과 긍정적인 관계를 유지하는 것이라고 믿고 있다.

우리가 몰랐던 캔자스시티 게토 문화

게토에 부정적인 점만 있었던 것은 아니다. 문화적으로 크게 기여한 게토의 긍정적 특징에 대해 살펴보자.

게토는 캔자스시티를 바비큐와 재즈의 명소로 만드는 데 일조했다. 캔자스시티 바비큐는 흑인인 헨리 페리Henry Perry, 아서 브라이언트Arthur Bryant, 그리고 올리 게이츠Ollie Gates에 의해 유명해졌다. 이들이 설립한 레스토랑의 상호가 '아서 브라이언트의 바비큐Arthur Bryant's Barbeque'와 '게이츠 바비큐Gates Bar-B-Q'다. 캔자스시티의 바비큐는 독특한 스타일과 풍미를 가지고 있다. 천천히 스모크 향을 입혀 구운 갈비, 양지 살, 풀드포크,* 닭고기에 바비큐 소스가 함께 제공된다.

토마토를 베이스로 만든 이 소스는 달콤하고 느끼한 맛으로 고기에 곁들이면 풍부하고 특별한 맛을 더해 준다.

또한 캔자스시티의 재즈는 미국의 대표적인 재즈 음악 스타일 중 하나이다. 특히 1920년대와

조스 캔자스시티 비비큐
(Joe's Kansas City BBQ)

★　오랜 시간 서서히 익혀 손으로도 쉽게 뜯어지는 연한 질감의 돼지고기 바비큐.

캔자스시티의 재즈 구역

1930년대에 캔자스시티에서 발전한 재즈는 흑인 중심지인 다운타운 12번가와 18번가를 따라 뿌리를 내렸다. 이곳은 뉴올리언스와 함께 재즈의 본고장 중 하나로 간주되고 있다.

마지막으로 캔자스시티 게토에는 '니그로 리그Negro League' 박물관이 있다. 니그로 리그는 1920년부터 1948년까지 미국에서 실제 존재한 프로 야구 리그이다. 당시의 메이저 리그Major League는 인종차별 때문에 흑인 선수들이 참가할 수 없었기 때문에, 흑인 야구 선수들을 위한 전용 리그인 니그로 리그가 생겨났다. 리그를 구성하는 대표적인 팀으로는 뉴욕 큐반스New York Cubans, 캔자스시티 모나크Kansas City Monarchs, 트로이 트로전스Troy Trojans, 밀워키 베어스Milwaukee Bears 등이 있다. 니그로 리그에서 활약한 몇몇 선수들은 뛰어난 업적을 세웠다. 1947년에 브루클린 다저스의 재키 로빈슨Jackie Robinson은 니그로 리그 출신으로 메이저 리그에 데뷔한 최초의 흑인 선수였다. 이를 계

니그로 리그 박물관

기로 메이저 리그의 인종차별이 종식되면서, 1948년 니그로 리그는 막을 내렸다. 니그로 리그는 인종차별이 팽배하던 시기에 흑인 선수들이 고난을 딛고 우수한 성과를 이뤄낸 미국 야구 역사의 상징이었다. 1971년에는 미국 야구 명예의 전당^{Hall of Fame}에 니그로 리그 출신의 선수들이 공식적으로 헌액됐다.

**게토도
사람 사는
곳이다**   앞서 살펴보았듯이, 우리는 게토가 가난, 폭력, 마약으로 점철된 위험한 장소라는 편견에서 벗어날 필요가 있다. 방탄유리로 철저히 가려진 주유소와 편의점 계산대, 거리의 노숙자들, 뉴스를 통해 본 총기 살인 사건을 보다 보면 게토는 절대로 가지 말아야 할 위험한 곳으로 생각할 수 있다.

하지만 게토는 아메리칸드림을 이루고자 노력하는 수많은 한인 이민자의 삶의 터전이며, 어려운 형편의 흑인 자원봉사자가 기부받은 빵과 과일을 자신보다 더 어려운 이웃에게 전달하는 나눔의 기적이 일어나는 성지이다. 또한, 주말이면 온 가족이 동네 유명 바비큐 레스토랑에서 오붓한 시간을 보내는 가족애가 흘러넘치는 곳이며, 밤이 되면 재즈의 감미로운 선율로 물든 카페에서 연인들이 사랑을 속삭이는 낭만 그득한 쉼터이기도 하다.

우리가 고정관념이라는 색깔의 안경을 잠시 벗고 게토를 바라보면 편견으로 얼룩진 삶 속에서 희망의 꽃을 피우는 곳임을 깨닫게 될 것이다.

미국 주류 백인 그룹
'WASP(앵글로·색슨계 백인 개신교도)'

WASP^{와스프}란 White Anglo-Saxon Protestant의 약자로, 앵글로·색슨 계열의 개신교를 믿는 주류 미국 백인들을 의미한다. 일반적으로 노동 계급 백인들은 이 범주에 포함되지 않는다. 그렇다면 우리는 왜 WASP에 관해 알아야 하는 것일까? WASP를 통해 미국의 역사와 사회 구조 그리고 문화적 다양성을 이해해 볼 수 있다.

왜 WASP를 알아야 하나? WASP에서 W는 White의 약자로 백인을 지칭하며, AS는 Anglo-Saxon의 약자로 주로 영국과 북유럽의 앵글로·색슨 국가에서 미국으로 이주한 백인들을 가리킨다. P는 Protestant 즉 개신교를 나타내는데, 미국 내에서 대다수의 주류 백인이 개신교를 믿는 사실을 반영한 것이다.

WASP의 모체가 된 청교도인

    WASP는 미국의 초기 이주민과 이들이 형성한 주류 문화를 이해
하는 데 중요하다. WASP는 미국의 건국에 이바지한 대표적인 이민
자 그룹으로, 영국을 비롯한 개신교 교리를 가진 국가 출신이었다. 이
러한 배경은 근대 미국 역사에 지대한 영향을 끼쳐 개신교가 미국의
주류 종교로 자리 잡는 것, 그리고 더 나아가 종교의 자유가 뿌리내
리는 데에 기여했다. 당시 WASP 그룹에 속한 대다수가 미국으로 이
주한 결정적 이유는 종교적 박해를 피해 자신의 신앙을 지키고자 했
기 때문이다. 이러한 연유로 미국의 독립을 주도한 WASP 그룹은 국
가가 개인의 종교적 자유를 침해할 수 없도록 헌법에 명시해 놓았다.
    또한 윤리적 가치를 강조하는 개신교라는 이들의 신앙은 다양한
사회 변화의 모태가 되었으며, 특히 미국의 정치에 큰 영향을 미쳤다.
19세기와 20세기 초에 종교적 가치에 기반을 둔 노예 제도 폐지, 여

성 투표권 확대, 알코올 금지 같은 사회 개혁 운동이 활발히 전개되었다. 그리고 대다수의 개신교 정치인이 지닌 종교적 신념은 정책 수립과 결정에 반영됐다.

미국의 독립운동 시기부터 정부 수립에 이르기까지 주축이 된 초창기 미국 정치인들은 대부분 WASP 출신이었다. 건국의 아버지라 불리는 조지 워싱턴George Washington, 존 애덤스, 토머스 제퍼슨Thomas Jefferson, 벤저민 프랭클린Benjamin Franklin 같은 WASP 출신 지도자들의 주도하에 '독립 선언문' 작성, 헌법과 법률 제정, 정책 수립 등이 이루어졌다. 또한 이들은 초창기 미국의 인프라를 구축하고 무역 및 금융 정책 등을 시행하는 데에 결정적인 역할을 했다. 대표적으로 미국의 초대 대통령인 조지 워싱턴은 미국의 중앙 정부를 수립하고 헌법을 제정함으로써, 미국이 하나의 국가로 수립되는 초석을 마련하였다.

또 '먼로 독트린Monroe Doctrine'을 선언한 5대 대통령인 제임스 먼로James Monroe는 미국의 독립적인 외교 정책을 펼치며, 국제 사회에서 미국의 위상을 공고히 하는 데에 기여했다.

이후 16대 대통령인 에이브러햄 링컨Abraham Lincoln은 남북 전쟁을 통해 노예 제도를 폐지했다. 이를 계기로 미국 중앙 정부의 지배력이 강화될 수 있었으며, 남과 북으로 분열되었던 미국이 통합에 이르게 되었다. WASP 정치 지도자들은 연방주의와 공화주의를 주장하는 양당제를 이끌었으며, 이후 지금의 민주당과 공화당으로 발전하게 되었다.

WASP가 미국 사회에 끼친 영향 또한 지대하다. 이들은 미국의 건국 초기부터 교육, 정치, 경제, 문화, 예술 등 다양한 분야에서 지배적인 위치를 차지했다. 한 예로 미국의 일부 엘리트 대학들은 오래전부터 WASP 출신 학생들을 받아들이고 수준 높은 교육을 제공하여 이들이 미국 사회를 이끌어 가는 지배 계층으로 성장할 수 있는 발판을 마련했다.

하지만 이는 기득권 세력인 WASP가 지배 계층을 독점하면서 사회적 계층이동의 사다리를 무너뜨리는 문제를 야기했다. WASP 출신들은 고등 교육을 통해 상류 사회로의 사회적 진출을 활발하게 이룬 반면, WASP 출신이 아닌 사회 계층은 상대적으로 상류 사회 진출에 제약을 받을 수밖에 없었다. 또한 등록금이 비싼 엘리트 대학교에 부유한 WASP 출신 학생들은 상대적으로 수월하게 진학할 수 있었으며, 동문 자녀 특례 입시 제도인 레거시Legacy 입학으로도 혜택을 받았다. 동문 대다수가 WASP 출신이었기 때문이다.

결과적으로 WASP는 수준 높은 교육을 통해 사회적 지위를 높여 나가면서, 입지가 더욱 공고해졌다. 이로 말미암아 교육의 접근성에 대한 암묵적인 불평등이 미국의 사회 문제로 부상했다. 이러한 문제는 평등을 추구하는 미국의 사회적 가치에 반하면서, 현재까지도 미국 사회가 해결해야 할 난제로 남아 있다.

마지막으로 WASP는 미국 문화에도 많은 영향을 미쳤다. 19세기와 20세기 초기의 에드거 앨런 포Edgar Allan Poe, 너새니얼 호손Nathaniel Hawthorne, 에밀리 디킨슨Emily Dickinson은 미국 문학의 지평을 넓힌 대표적인 WASP 작가들이다. 이들의 작품은 미국의 역사, 문화, 사회적 가치에 대한 통찰을 제시했다. 또한 WASP 예술가들은 회화, 조각, 음악, 연극 등 다양한 분야에서 활약하며, 미국 예술 문화의 부흥을 이끌었다.

WASP에 의한 차별과 불평등

WASP는 역사적, 사회적으로 크게 기여해 왔다. 하지만 미국 사회의 주류로 성장한 이들은 다른 인종 또는 같은 백인이더라도 개신교인이 아닌 사람들을 차별했다. 특히 아일랜드, 이탈리아, 동유럽계 이민자들과 유대인, 가톨릭 신자들은 미국 사회에 암묵적으로 존재하는 차별을 겪어야만 했다.

19세기 중반, 아일랜드 이민자들은 기근과 정치적 분쟁으로 얼룩진 아일랜드의 열악한 상황을 벗어나고자 미국으로 대규모 이주해 왔다. 당시 아일랜드 출신 이민자들 중에는 가톨릭 신자가 다수를 차지했다. 미국은 개신교 신앙을 지닌 WASP들이 주류 계층으로 자리 잡고 있었기 때문에 아일랜드계 가톨릭 신자들은 이들에 의한 멸시와 차별을 당해야 했다.

19세기와 20세기 초 미국에 건너온 이탈리아계 이민자들은 특히 마피아와 연결 지어 오해받는 상황을 빈번하게 겪었다. 이러한 고정관념이 구체적으로 묘사된 작품이 프랜시스 포드 코폴라Francis Ford Coppola 감독의 영화 〈대부Godfather〉다.

19세기 말부터 20세기 초반 박해를 피해 미국으로 이주한 유대계 이민자들 역시 반유대주의와 차별을 경험해야만 했다. 이들은 특히

WASP 주류들에 의해 주거 제한과 직업 차별을 당했다.

WASP는 미국의 역사와 사회 발전에 지대한 기여를 해 온 그룹이다. 하지만 이들이 지닌 특권 의식과 막강한 영향력은 또 다른 차별을 낳는 부작용을 낳기도 했다. 그러나 시대가 변화하면서 현재 미국은 다양한 그룹이 미국 사회를 이끌어 가고 있으며, WASP의 지배적 역할은 점차 감소하고 있다.

메이저 리그에서 심판이
과장된 제스처를 하는 이유

미국 야구에서 심판들은 왜 판정에 대한 수신호로 과장된 제스처를 사용할까? 이에 대한 답은 청각 장애를 딛고 야구를 하게 된 윌리엄 '더미' 호이[William 'Dummy' Hoy] 선수와 관련된 일화에서 찾을 수 있다.

장애를 극복한   19세기 후반부터 야구가 국민적인 스포츠
윌리엄 '더미' 호이   로 인기를 끌게 되면서, 많은 청각 장애인
이 선수나 관객으로 야구에 참여하게 되었
다. 대표적인 선수가 윌리엄 '더미' 호이다. 그는 미국 야구 역사에서 가장 유명한 청각 장애인 선수로 알려져 있다. 청각 장애인을 뜻하는

★   1862년 5월 23일 출생하여 1961년 12월 15일에 사망했다.

윌리엄 '더미' 호이

'더미Dummy'는 19세기 후반과 20세기 초반에 호이를 비롯한 '청각 장애인deaf and dumb'들에게 붙여진 흔한 별명이었다.

미국 야구 초창기에 지어진 별명은 선수들의 특징을 반영하여 지었다. 예를 들어 선수가 안경을 썼다면 스펙스Specs, 안경, 조상이 아메리카 원주민이었다면 치프Chief, 부족장, 키가 작았으면 '스텀프Stump, 땅딸막한 사람' 같은 방식이다. 그 당시 이러한 별명은 상대방을 경멸하려는 의도가 아닌 친근감의 표시라고 여겨져서, 선수들 간에도 서로의 별명을 부르는 데에 거리낌이 없었다.

호이는 오하이오주의 호크타운Houcktown에서 태어났으며, 어렸을 적 어머니가 그에게 야구를 가르쳐 준 것이 계기가 되어 야구 선수로의 꿈을 키웠다. 선천적인 청각 장애를 극복하기 위해 그는 음성 언어와 수화를 배웠으며 이를 통해 경기 중 선수들 간의 의사소통 문제를 어느 정도 해결할 수 있었다. 이러한 노력으로 인해, 1886년 호이는 시카고 화이트삭스Chicago White Sox의 마이너 리그 팀인 오마하 오마호그스Omaha Omahogs에서 야구 선수로 데뷔하였다. 이곳에서 뛰어난 성적을 거둔 호이는 1888년 마침내 워싱턴 내셔널스Washington Nationals 유니폼을 입고 메이저 리그에 처음 선발 출장하게 된다. 주로 외야수로 활약했던 호이의 장점은 뛰어난 수비 능력, 놀라운 스피드,

그리고 영리한 주루였다.

야구 경기의 수신호 도입

호이는 선수로서의 출중한 실력뿐만 아니라 야구 경기에 수신호를 도입하게 된 계기를 마련해 준 인물로도 널리 알려져 있다. 당시 야구 경기에서 선수들은 구두로 의사소통을 해 왔다. 하지만 호이는 자신의 청각장애를 극복하고자, 경기 중에 일어나는 상황별 플레이를 간단한 손동작만으로 나타내는 수신호를 개발하였다. 예를 들어, 투수와 소통할 때 특정 투구 유형을 나타내는 신호를 사용했으며, 수비 상황에서는 주자들의 위치나 실행할 전략을 나타내는 여러 신호를 도입했다. 경기 중 예기치 못한 상황이 발생할수록 수신호를 수정하고 새로운 신호가 추가되었으며, 수신호의 효과를 극대화하기 위해 손뿐만 아니라 얼굴 표정, 시선, 몸의 움직임 등을 활용했다. 이를 통해 선수들은 경기 중에 호이와 원활한 의사소통을 할 수 있었다.

이처럼 호이는 오늘날 야구 경기 수신호 사용에 선구적인 역할을 했다. 그가 오시코시Oshkosh에서 프로 선수 생활을 시작했을 무렵엔 모든 심판 판정 또한 구두로만 이루어지고 있었다. 관중들의 소란스러운 응원으로 인해 심판의 판정 소리가 묻

1914년 당시의 야구 수신호

선수와 심판 간의 다툼

히는 경우가 빈번했다. 그래서 좌타자였던 호이가 타석에 들어서면, 포수 뒤의 심판이 아닌 자신의 3루 주루 코치에게 스트라이크 판정 유무에 대해 물어야만 했다. 이처럼 주의가 분산된 상황을 이용하여 상대 투수는 호이가 준비하기도 전에 다음 투구를 빠르게 이어갔다.

이로 인해 데뷔한 첫 해 호이는 2할 1푼 9리라는 저조한 타율을 기록할 수밖에 없었다. 문제를 해결하고자 호이는 3루 코치에게 스트라이크면 손가락으로 S-T-R-I-K-E, 볼이면 B-A-L-L이라고 철자를 만들어 신호를 보내 달라고 요청했다. 그러나 이러한 복잡한 수신호는 불편함을 초래했으며, 이후에 호이는 왼팔이나 오른팔을 들어 올리는 방식으로 스트라이크와 볼 판정을 알려 달라고 3루 코치에게 다시 요청했다. 간소화된 수신호는 투수의 투구가 끝난 후에도 호이가 다음 타격 준비에 필요한 시간을 벌어 주었다. 3루 코치는 호

현재의 야구 수신호

이가 외야에서 수비를 할 때도 동일한 방식으로 상대 팀의 볼과 스트라이크 판정을 그에게 알려 주었다. 이러한 수신호 방식을 발전시켜, 호이가 주자의 세이프, 아웃 판정에 사용되는 수신호를 개발한 것으로 알려져 있다. 메이저 리그 역사상 최초의 청각 장애 선수이며 호이와 같은 시대에 활약했던 투수 에드 '더미' 던던Ed 'Dummy' Dundon 또한 홈플레이트 심판 판정의 수신호 발달에 기여한 공로를 인정받고 있다.

야구 참가자 모두를 위한 배려에서 비롯된 수신호

수신호 사용이 심판 판정을 우스꽝스럽게 보이게 한다는 심판들의 반대에도 불구하고, 1907년부터 모든 야구 경기에서 수신호 사용이 의무화되었다. 이는 야구가 점차 전문화됨에 따라 심판과 선수들의 명료한 의사소통 체계가 필요했기 때문이다. 특정한 제스처와 동작을 사용하여 심판은 신속하면서도 분명하게 자신의 판정을 전달할 수 있게 되었으며, 이를 통해 선수들과 관중은 심판의 판정 결과를 명확히 파악할 수 있었다.

또한 심판들의 수신호 사용은 일반 관중뿐만 아니라 청각 장애인들을 위한 배려이기도 했다. 명확하고 잘 보이는 수신호는 청각 장애인들이 경기를 이해하고 즐길 수 있는 기회를 제공해 주었다. 이처럼 심판의 수신호는 팀, 선수, 그리고 관중 모두를 배려하는 상징이었다.

호이의 수신호가 널리 퍼지면서, 다른 선수들과의 의사소통에도 사용되기 시작했다. 이러한 공헌으로 호이는 야구 역사상 청각 장애인 선수 중 가장 대표적인 인물로 인식되고 있다. 그는 1902년 메이저 리그에서 은퇴한 후 농부로 평생을 보냈으며, 청각 장애인들의 교육과 권리에 대한 노력도 기울였다. 1961년 그가 눈을 감은 이후에도 호이의 기념비적인 업적과 공헌은 미국 야구 역사에서 오랫동안 기억되고 있다.

Part 3

지역과
관련된
미국 문화

전쟁과 토지 구매를 통해 이루어진
광대한 미국 영토

50개의 주^{State}로 구성된 미국은 러시아와 캐나다 다음으로 전 세계에서 세 번째로 가장 넓은 영토를 가지고 있다. 하지만 1776년 영국으로부터 독립했을 무렵 미국은 뉴잉글랜드 지역과 대서양 연안에 위치한 13개 영국의 식민지뿐이었다. 그렇다면 미국은 어떻게 오늘날의 광대한 땅덩어리를 소유하게 되었을까? 이에 대한 답은 미국 정부의 토지 구매에서 찾을 수 있다. 미국 정부의 성공적인 부동산 투자였다 해도 과언이 아니다.

**영토를
두 배로 확장시킨
루이지애나 구매**

1803년에 미국과 프랑스 간에 토지 매매가 이루어지는데 이를 루이지애나 구매^{Louisiana Purchase}라 부른다. 루이지애나 토지 매입하여 미국은 미시시피강에서 서부의 산악 지대에 이르는 광활한 지역을 획득하게 되었으며, 이를 계기로 미국 영토는 영국으로부터 독립했던 시기보다 두 배나 확장되었다.

1803년, 프랑스의 나폴레옹 황제는 유럽의 대부분을 정복하는 데 성공했다. 나폴레옹의 다음 계획은 영국을 침공하는 것이었다. 하지만 프랑스 식민지의 불안한 정세가 이러한 나폴레옹의 생각에 발목을 잡았다. 당시 식민지였던 아이티에서 사상 초유의 노예 혁명Haitian Revolution이 일어났으며, 프랑스는 이를 진압하는 데 실패한다. 이는 아이티가 유럽에서 멀리 떨어진 서인도 제도에 위치하고 있어 가기에 쉽지 않았기 때문이다. 설령 간다고 하더라도 영국 해군의 봉쇄에 가로막힐 수 있었다. 프랑스는 당시 식민지의 봉기로 자금줄은 말라가고, 유럽에서는 전쟁으로 재정 지출이 늘어만 가고 있는 상황이었다. 영국 침공을 준비하기 위해 재원을 마련할 특단의 대책이 필요했다. 결국 프랑스는 1800년에 스페인으로부터 획득한 루이지애나 영토(미대륙 중앙부의 광활한 영토)를 미국에 매각하게 되었다.

신규 재원 마련을 위해 1803년 프랑스가 루이지애나 영토 구매 의사를 미국에 타진했을 무렵, 미국 또한 때마침 영토 확장에 역량을 집중하던 시기로 두 나라의 이해관계가 적절하게 맞물렸다. 루이지애나 구매를 위해 파리에 간 미국 대표단은 뉴올리언스와 주변 지역만 매각 대상일 것으로 생각했지만, 이후 나폴레옹이 미시시피 유역 전체를 1,500만 달러에 매각하려 한다는 사실을 알게 되었다. 이를 접한 당시 대통령 토머스 제퍼슨은 대표단에 즉시 토지 거래에 서명

미국이 구매한 프랑스 영토(지도의 하얀색 부분)

하도록 지시했다. 이 거래로 프랑스가 받은 금액은 현재의 화폐 가치로 환산해 보면 약 3억 5,000만 달러이다. 광활한 중부 지역 전체에 해당하는 부지를 구매하는 데 지불했던 금액치고는 헐값이었다.

이를 계기로 미국은 영토를 두 배로 확장할 수 있었으며, 서부 지역으로의 이주와 개척을 촉진할 수 있었다. 이후 루이지애나 영토의 조사와 분석을 목적으로 루이스와 클라크 원정대Lewis and Clark Expedition가 파견되었다. 지리학자, 과학자, 번역가, 병사 등 다양한 전문가들이 원정에 참여했다. 원정대는 미시시피강에서 출발하여 로키산맥을 지나 태평양 연안까지 긴 여정을 떠났다. 이들은 미국의 중서부 지역을 조사하면서 토지, 동식물, 그리고 각 지역 원주민 등에 관한 정보를 수집했다. 원주민들과의 만남과 교류를 통해 그들의 문화와 생활 방식을 기록하였고, 지리 정보를 지도에 표시했다. 원정대는 거의 8,000마일(약 13,000킬로미터)에 이르는 여정을 통해 얻은 정보를 미국인들에게 제공하여, 미국 서부로의 이주를 촉진시켰다.

멕시코 영토의 반을 내주게 한 과달루페 이달고 조약

미국과 멕시코 사이에서 발생한 멕시코·미국 전쟁(1846~1848)은 영토 분쟁과 경제, 정치적인 이슈 등이 복합적으로 맞물려 시작되었다. 이 전쟁은 루이지애나 구매 이후, 지금의 미국 남서부와 텍사스에 해당하는 멕시코 북부 지역을 얻으려는 미국의 의도에서 비롯되었다.

두 나라 간의 전쟁이 발발한 몇 가지 대표적인 이유가 있다. 멕시코가 1821년 스페인으로부터 독립했을 무렵, 텍사스는 본래 멕시코 영토의 일부였다. 그러나 그곳으로 이주한 미국인 이민자들이 멕시코 정부와 잦은 갈등을 빚게 되었다. 갈등의 가장 큰 원인은 지역 내 이민자들의 생활 방식과 문화가 멕시코보다는 미국에 더 가까웠기 때문이다. 결국 이러한 특징은 텍사스가 멕시코로부터 독립하게 되는 기폭제가 되었다. 텍사스의 미국인 이민자들은 독립을 선언했고, 미국 정부에 미국의 주로 편입해 달라고 요청했다. 이러한 갈등은 결국 1846년 멕시코·미국 전쟁의 도화선이 됐고, 2년 동안의 전쟁 끝에 미국이 승리하게 되었다.

전쟁에서 패한 멕시코는 1848년 2월 2일에 미국과 과달루페 이달고Guadalupe Hidalgo 조약을 체결하게 되었다.

멕시코로부터 획득한 영토(지도의 ■색 부분)

이 조약은 당시 전체 멕시코 영토의 절반에 해당하는 땅인 현재의 애리조나, 캘리포니아, 서부 콜로라도, 네바다, 뉴멕시코, 텍사스, 유타 등의 영토를 미국에 양도하는 굴욕적인 조건을 담고 있다. 이에 대한 대가로 미국이 멕시코에 지불한 돈은 1,500만 달러에 불과했다. 오늘날 가치로 환산하면, 5억 달러에 이르는 금액이다.

이로 인해 미국은 서부로의 영토를 크게 확장할 수 있었으며, 멕시코 국민은 막대한 영토를 빼앗겨 분노와 슬픔에 빠졌다. 지금까지도 멕시코 교과서에는 미국에 영토를 잃은 역사적 사실을 기술하고 있으며, 빼앗긴 영토를 '잃어버린 땅La Tierra Perdida'으로 표현하고 있다. 멕시코는 학생들에게 미국에 빼앗긴 이 영토를 언젠가는 반드시 되찾아야 한다는 의식을 고취시키고 있다.

오리건 영토로 미국의 모습을 갖추다

본래 아메리카 원주민이 거주해 오던 오리건 영토^{Oregon Territory}는 현재의 아이다호, 오리건, 워싱턴, 와이오밍, 몬태나와 브리티시컬럼비아의 일부를 포함한다. 18세기 말부터 19세기 초까지 미국과 영국 사이에서 오리건 영토에 대한 소유권을 둘러싼 경쟁이 벌어졌다.

1830년대 후반, 모피 사냥꾼들이 오리건 영토에 정착하기 시작했고, 이후 선교사들을 비롯한 다른 지역 사람들이 이주해 왔다. 그 당시 오리건 영토를 법적으로 지배하는 정부가 없었기 때문에, 이 지역의 정부 설립에 관한 논의가 활성화되었다. 마침내 1841년 오리건 임시 정부가 탄생하게 되었다. 하지만 이는 영국의 강한 반발을 불러일으켰으며, 양국은 갈등 끝에 1846년 '오리건 조약'을 체결하게 되었다.

이 협정은 북위 49도를 기점으로 오늘날 캐나다 영토인 밴쿠버섬에 해당하는 남쪽 지역을 영국이 차지하고, 미국은 북쪽 지역 영토를

오리건 조약을 통해 얻은 영토를 표시한 지도(1848)

소유한다는 내용을 담고 있다. 이로써 미국은 오리건 영토의 대부분을 획득하게 되었고 알래스카를 제외한 오늘날 우리가 알고 있는 미국 영토의 모습을 갖추게 되었다.

알래스카 구입 횡재　19세기 중반까지 러시아의 영토였던 알래스카에서 러시아인들은 양봉, 낚시 및 기타 자원을 개발하고 있었다. 그러나 알래스카로부터 경제적 이익을 얻기는커녕 본토에서 멀리 떨어져 있어 관리하는 비용이 더 많이 들어가는 문제를 안고 있었다. 또한 크림전쟁(1853~1856)에서 대패한 러시아 황제 알렉산드르 2세는 향후 일어날 분쟁에서 본토에서 멀리 떨어진 알래스카를 방어하기가 힘들 것으로 판단했다.

미국 남북전쟁이 끝난 직후인 1867년, 미국 국무장관인 윌리엄 수어드William H. Seward는 러시아 제국으로부터 알래스카를 매입하기 위해 주미 러시아 공사인 예두아르트 스토클Eduard Stoeckl과 협상을 벌였다. 이 조약은 1867년 3월 30일에 체결되었고, 미국 상원에 의해 비준되었다.

당시 알래스카 매매 가격은 720만 달러(에이커당 약 2센트)로, 현재 가치로는 약 1억 3,000만 달러(에이커당 0.36달러)에 해당하는 금액이었다.

미국의 알래스카 구매는 초창기에 많은 비판에 직면해야 했다. 미국 상원의원들은 알래스카 구매를 '무모하고 낭비적'이라고 비아냥거렸고, 많은 미국인이 알래스카를 얼어붙은 황무지라고 조롱했다. 하

1867, 알래스카 구매에 대한 미국 국회의사당 벽화(앨린 콕스, 1994)

지만 결과적으로 알래스카의 풍부한 자원은 미국에 많은 경제적 이익을 가져다주었다. 알래스카 구매는 미국의 대서부 확장 정책을 지속시키는 데 기여했다.

　만약 이러한 토지 구매와 영토 전쟁이 없었다면 현재 미국의 영토는 어땠을까? 루이지애나를 구매하지 않았더라면 뉴올리언스에서 재즈를 듣기 위해 프랑스 비자를 받아야 했을 것이고, 멕시코와의 전쟁에서 미국이 패했더라면 캘리포니아를 방문하기 위해 멕시코에 비자를 신청해야 했을 것이다.

미국의 대도시를 상징하는 닉네임

미국 드라마나 영화에서 등장하는 뉴욕과 로스앤젤레스는 미국을 가보지 않은 사람들에게도 익숙한 도시다. 이러한 대도시는 잘 알려진 만큼이나 많은 인구가 밀집된 도시이기도 하다. 2023년 현재 미국에서 가장 많은 인구가 살고 있는 3대 도시는 뉴욕(850만), 로스앤젤레스(390만), 시카고(270만)로, 대략 1,000만 명인 서울의 인구에 비하면 생각보다 미국 대도시의 인구가 그렇게 많지 않다고 느낄 수 있다. 하지만 미국 영토가 한국보다 99배 크다는 것을 감안해 보면, 얼마나 많은 인구가 미국 대도시에 집중되어 있는지 가늠해 볼 수 있다. 흥미로운 점은 미국의 대도시는 각각의 독특한 닉네임을 가지고 있다. 이러한 닉네임을 들여다보면 그것이 지칭하는 대도시에 관한 역사와 문화를 엿볼 수 있다.

**빅애플,
뉴욕**

가장 많은 인구가 거주하는 뉴욕은 빅애플^{Big Apple}, 잠들지 않는 도시^{The City That Never Sleeps}, 인종의 용광로^{The Melting Pot}라는 닉네임을 가지고 있다. 이 중에서도 빅애플이 뉴욕을 지칭하는 닉네임으로 가장 많이 알려져 있다.

그렇다면 뉴욕은 왜 빅애플로 불리게 되었을까? 실제로 뉴욕시가 있는 뉴욕주는 워싱턴주 다음으로 많은 사과를 생산한다. 하지만 빅애플이라는 닉네임이 사과 때문에 유래된 것은 아니다. 이 닉네임은 1920년대에 뉴욕의 많은 경마에서 수여되는 상금을 빅애플이라고 칭하면서부터 사용되기 시작했다.

1920년경, 뉴욕의 신문 기자였던 존 피츠제럴드^{John FitzGerald}는 뉴올리언스에 있는 흑인 기수들과 조련사들이 빅애플에 간다고 말하는 것을 우연히 듣게 되었다. 이들의 대화 속에서 당시 뉴욕 경마의 상금을 지칭하던 빅애플은 가장 많은 상금을 주는 뉴욕시를 나타냈다.

뉴욕의 맨해튼

이를 계기로 피츠제럴드는 곧 자신의 신문 칼럼에서 뉴욕을 빅애플로 최초로 언급하게 되었다. 그는 〈모닝 텔레그래프〉의 기사에서 다음과 같이 빅애플에 대해 기술하고 있다.

> 빅애플. 순혈종 말에게 다리를 내던진 모든 젊은이의 꿈과 모든 기수의 목표. 빅애플은 하나뿐이다. 그것은 뉴욕이다.[*]

이후 뉴욕은 빅애플로 불리며 큰 성공을 이루기 위해 많은 이가 모여드는 곳을 뜻하게 되었다.

이와 비슷한 맥락으로 1930년대 재즈 음악가들 역시 보수가 좋은 뉴욕시의 연주장을 빅애플이라 불렀다. 이곳에서 공연을 하면 큰돈을 벌 수 있다는 의미였다.

빅애플이라는 닉네임은 한동안 사용되지 않다가 뉴욕의 이미지를 재고하기 위한 관광 캠페인의 일환으로 1970년대 초에 다시 쓰이기 시작했다. 당시 뉴욕은 높은 인구밀도와 경제적 어려움, 그리고 높은 범죄율 때문에 그다지 좋은 이미지는 아니었다.

이러한 이미지에 변화를 주어 많은 관광객을 유치하고자, 뉴욕 컨벤션 및 방문자 관리국 담당자였던 찰스 질레트Charles Gillett는 사과가 새겨진 기념 티셔츠를 제작해 뉴욕을 홍보했다. 이후 빅애플은 뉴욕

---

[*] The Big Apple. The dream of every lad that ever threw a leg over a thoroughbred and the goal of all horsemen. There's only one Big Apple. That's New York.

을 대표하는 상징 중 하나로 정착되었다.

다양한 닉네임, 로스앤젤레스

뉴욕 다음으로 인구가 많은 도시인 로스앤젤레스 또한 뉴욕 못지않은 다양한 닉네임을 가지고 있다. 로스앤젤레스의 머리글자만 따서 L.A.라고 표현하거나, 로스앤젤레스가 스페인어로 천사들^{Angels}을 의미하기 때문에 천사들의 도시^{City of Angeles}라고도 부른다. 이 도시의 메이저리그 야구팀 이름 역시 로스앤젤레스 에인절스^{Los Angeles Angels}다.

따뜻하고 화창한 날씨의 로스앤젤레스는 미국 내에서도 살기 좋은 도시로 '꽃의 도시^{City of Flowers}', '햇살의 도시^{City of Sunshine}'라는 닉네임을 가지고 있다. 또한 뉴욕이 빅애플로 알려졌다면 로스앤젤레

로스앤젤레스

스는 종종 '빅 오렌지The Big Orange'라고 불리는데, 로스앤젤레스의 따뜻한 기후에서 자라는 오렌지에서 비롯된 말이다. 로스앤젤레스가 위치한 캘리포니아주가 최대 오렌지 생산지이기 때문이다.

미국의 영화와 텔레비전 산업은 로스앤젤레스에 기반을 두고 있다. 그래서 이 도시는 '세계의 엔터테인먼트 수도Entertainment Capital of the World'라고 일컬어진다. 덧붙여 로스앤젤레스의 할리우드에서 많은 영화가 제작되기 때문에 '틴셀타운Tinseltown'이라고 불리기도 한다.

바람의 도시, 시카고

'바람의 도시Windy City'라는 시카고의 닉네임을 들은 사람들은 이 닉네임이 시카고 기후 때문에 붙여졌다고 생각할지도 모른다. 물론 시카고가 미시간

시카고

찰스 A. 데이나

호에 위치한 관계로 연중 바람이 많이 부는 편이어서 날씨와 어느 정도 관련이 있는 것도 사실이다. 하지만 실제 이 닉네임의 유래는 말 많고 뽐내기 좋아하는 시카고 정치인들을 재치 있게 풍자하는 데서 비롯됐다.

1893년 〈뉴욕 선^{New York Sun}〉 신문의 편집자였던 찰스 A. 데이나^{Charles A. Dana}는 시카고를 바람의 도시라고 지칭하는 사설을 썼다. 그의 이러한 표현은 1893년 시카고에서 세계 컬럼비아 박람회 개최를 유치하기 위해 과도한 열성을 보이던 시카고 정치인들을 일컫는 데서 비롯되었다. 본래 'wind'의 사전적 의미는 '바람이 부는'이라는 뜻이지만, '수다스럽다'는 뜻으로도 사용된다. 그래서 데이나가 사용한 바람의 도시라는 은유적 표현은 말이 많은 시카고 정치인을 비꼬기 위한 의도가 담겨 있었다.

이 같은 표현은 1876년 시카고의 중서부 지역 경쟁 도시였던 신시내티의 〈신시내티 인콰이어러^{Cincinnati Enquirer}〉 신문 헤드라인에서도 찾아볼 수 있다. 이 신문은 당시 시카고를 휩쓴 토네이도를 언급하면서 'That Windy City'라는 문구를 사용했는데 이는 중의적 의미를 내포하고 있다.

'바람(또는 수다스러운)의 도시.'

이렇게 바람의 도시라는 닉네임은 날씨뿐만 아니라 정치적 수사에도 역사적 뿌리를 두고 있다.

다른 미국 주요 도시들 또한 재미있는 닉네임을 가지고 있다. 보스턴은 빈타운^{Beantown}이라 부르는데, 이는 보스턴의 별미인 베이크드빈^{Baked Bean}**에서 유래되었다. 또한 우리가 잘 아는 라스베이거스는 도박을 포함한 다양한 오락과 유흥 시설로 가득 차 있어, 신 시티^{Sin City}라는 닉네임을 가지고 있다. 미국 자동차 산업의 심장과도 같은 디트로이트는 모터 시티^{Motor City} 또는 줄여서 모타운^{Motown}이라 부른다. 미국 도시의 닉네임은 이처럼 그 도시의 문화와 역사적 특징이 반영되어 있다.

★　　That Windy City. Some Freaks of the Last Chicago Tornado.
★★　삶은 콩에 베이컨 등을 넣어 끓여 만든 요리

우리와 다른
미국의 행정과 치안

영어를 잘 모르는 사람일지라도 '폴리스Police'가 '경찰'을 의미한다는 점은 누구나 알 것이다. 그런데 미국 영화와 드라마를 보면, 경찰차에 폴리스 외에 스테이트 트루퍼State Trooper나 셰리프Sheriff라는 표현이 새겨진 모습을 어렵지 않게 볼 수 있다. 미국은 왜 똑같은 경찰에 다양한 어휘를 사용하는 것일까? 이에 대한 궁금증은 미국 행정 구역에 대한 이해를 통해 풀 수 있을 것이다.

연방 정부에 속한 FBI 미국의 정부 체계는 연방주의 원칙을 기반으로 하며, 연방 정부, 주 정부, 그리고 지방 정부로 구성되어 있다. 연방 정부는 헌법에 명시된 권한을 가지고 있으며, 국방, 외교, 통상, 입법 등 우리가 아는 국가 본연의 업

FBI

무를 수행한다. 이 연방 정부의 중앙 수사 기관이 '연방 수사국' 즉 FBI^Federal Bureau of Investigation다. FBI는 주 정부의 치안 부서들과는 별도로 독립적으로 운영되며, 연방법을 집행하고 국가 안보를 위한 임무를 수행한다. 미국 내에서 일어나는 일반적인 범죄 수사부터 국가 안보에 위협이 되는 테러 대응에 이르기까지, FBI는 범죄 수사와 관련된 포괄적인 권한을 지닌다. 그러므로 미국 전역이 FBI의 관할 구역이며, 미국의 모든 주와 지역에서 FBI는 연방 범죄 및 국가 안보에 위협이 되는 사안들을 조사할 수 있다.

스테이트 트루퍼 미국의 행정 구역은 주를 기준으로 하위 구역 단위인 카운티^County와 도시^City로 이루어진 경우가 일반적이다. 가장 큰 행정 단위인 주는 50개가 있다. 각 주는 자체적으로 주 정부를 운영한다. 주 정부는 주지사를 수장으로 하며, 주의 행정, 교육, 치안, 재정 분야에서 권한을 행사한다. 또한 주의 입법

스테이트 트루퍼 순찰차

부와 사법부도 연방 정부와 별도로 독립적으로 운영된다.

이러한 주의 치안을 담당하는 경찰을 스테이트 트루퍼라 부른다. 스테이트 트루퍼는 주의 법 집행관이자, 주 경찰청(주 경찰국State Police Department 또는 주 고속도로 순찰대State Highway Patrol에 속하는 경찰관이다. 스테이트 트루퍼는 주의 도로와 고속도로에서 다양한 법 집행 임무를 수행하며, 교통법규 위반을 단속하고 교통사고 현장을 조사한다. 또한 주의 전 지역에서 발생하는 범죄를 수사하며, 필요한 경우 범인을 체포 또는 구금할 수 있다.

응급 상황이 발생했을 때는 구조 작업을 하거나 응급 의료 서비스를 제공하기도 한다. 나도 미국 고속도로를 주행하다 타이어에 펑크가 난 적이 있었는데, 스테이트 트루퍼의 도움 덕택에 난감한 상황을 해결할 수 있었다.

이와 같이 스테이트 트루퍼는 주의 치안과 교통 관리에 대한 법 집행을 담당하는 주 정부 관할의 경찰을 의미한다.

**셰리프와
데퓨티** 미국의 카운티는 주 바로 밑의 행정 구역이다. 한국에
서는 카운티를 '군郡'이라고 번역하기도 하지만, 미국의
카운티와 한국의 군은 행정 구조 및 역할에서 차이가
있다. 그래서 일반적으로 카운티라는 영어 단어를 그대로 사용하거
나 '주州 하위 행정 구역' 등으로 설명하는 편이다.

한편 루이지애나 같은 주에서는 카운티 대신 '패리시Parish'라는 용
어를 사용한다. 루이지애나는 19세기 초 미국 영토로 편입되기 전
프랑스의 식민지였으며, 한동안 스페인의 지배를 받기도 했다. 프랑
스와 스페인 식민 정부 모두 지방 행정 구역을 지칭하기 위해 프랑
스어인 '파로이세paroisse, 교구'라는 용어를 사용했다. 이러한 명칭은
1803년 미국이 루이지애나 구입을 통해 루이지애나를 인수한 이후
에도 변하지 않은 채 오늘날까지 사용되고 있다.

일반적으로 이러한 카운티 단위의 치안을 담당하는 경찰관을 셰
리프라고 부른다. 대부분의 카운티에서 셰리프는 선출직 공무원이
다. 카운티 주민들이 투표를 통해 셰리프를 선출하고, 임명된 셰리프
는 4년의 임기를 수행한다. 셰리프는 카운티의 최고 법 집행관이며,
카운티 보안관실County Sheriff's Office 또는 보안관 부Sheriff's Department로
알려진 카운티 법 집행 기관의 운영을 담당한다. 이 부서에 근무하는
일반 경찰관들을 데퓨티Deputy라고 부른다.

셰리프는 카운티 내의 범죄 수사, 공공질서 유지, 카운티 교도소

셰리프 순찰차

관리, 법률 문서 송달과 같은 법 집행 업무를 수행한다. 셰리프의 관할권은 일반적으로 카운티에서만 행사할 수 있다.

폴리스   시는 카운티 바로 밑의 자치 행정 단위다. 시는 자체적인 정부와 시장 그리고 시의회를 갖고 있으며 지역 사회의 행정 서비스 및 경제 활동 전반을 관리한다. 시는 대도시부터 작은 마을 수준 정도까지 규모가 다양하다. 일부의 경우 시와 카운티가 통합된 형태도 있다. 예를 들어 샌프란시스코는 샌프란시스코시와 샌프란시스코 카운티가 하나로 통합되어 시와 카운티 기능을 동시에 수행한다.

이러한 시의 치안을 담당하는 법 집행관이 폴리스다. 시 경찰서는 일반적으로 시의 법률 및 조례를 집행하고, 범죄를 조사하며, 자

폴리스 순찰차

신이 담당하는 도시 주민에게 치안 서비스를 제공한다. 무엇보다도 시 경찰은 주민과 방문객의 안전을 보장하기 위해 노력한다. 여기에는 순찰, 긴급 전화 대응, 공공 안전 문제 해결을 위한 모든 조치가 포함된다. 도시 내에서 범죄가 발생하면 시 경찰은 이를 해결하는 임무를 수행하며, 관할 구역 내에서 법을 집행한다. 또한 교통 법규 위반에 대한 벌금 부과, 사고 조사, 그리고 교통질서 유지 등도 경찰의 일이다.

이처럼 미국 행정 구역은 연방, 주, 카운티, 시 단위로 구분되며, 이에 따라 미국 치안을 담당하는 경찰은 FBI, 스테이트 트루퍼, 셰리프 그리고 폴리스로 나뉜다. 한 가지 주의할 점은 범죄 진압과 법 집행을 위해 미국 경찰들은 일반적으로 총기를 소지하고 있으므로 경찰에게 주의받는 일이 생긴다면, 불필요한 과잉 행동은 삼가는 편이 좋다. 예를 들어 교통 법규 위반으로 경찰이 차를 세우면 양손을 운전대에 놓고 절대 움직이지 않는 것을 추천한다.

미국 동부 아이비리그의
전통과 문화

'아이비리그^{IVY League}'라는 단어를 들었을 때, 여러분은 아마도 하버드^{Havard}나 예일^{Yale} 같은 입학 경쟁이 치열한 명문 대학교를 떠올릴 수 있을 것이다. 본래 아이비리그는 미국 북동부 지역에 위치한 8개 명망 있는 대학들의 스포츠 리그를 일컫는 용어였다.★

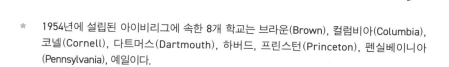

★ 1954년에 설립된 아이비리그에 속한 8개 학교는 브라운(Brown), 컬럼비아(Columbia), 코넬(Cornell), 다트머스(Dartmouth), 하버드, 프린스턴(Princeton), 펜실베이니아 (Pennsylvania), 예일이다.

아이비리그 대학들

왜 아이비리그라 부르나? 전해지는 바에 따르면, 아이비리그라는 명칭은 1935년 〈뉴욕 헤럴드 트리뷴New York Herald Tribune〉의 스포츠 기자인 캐스웰 애덤스Caswell Adams에 의해 처음 사용되었다. 이러한 명칭은 당시 이들 대학 건물이 아이비ivy라는 담쟁이덩굴로 뒤덮여 있다는 공통점에서 비롯되었다.

이후 아이비리그라는 명칭은 단순한 스포츠 리그뿐만이 아니라 명망과 전통을 겸비한 8개 엘리트 대학을 통틀어 이르는 말로 사용되어 왔으며, 현재까지도 아이비리그에 속한 대학들은 세계 최고의 대학으로 평가받고 있다.

2021년 9월 기준, 아이비리그 대학들의 랭킹은 다음과 같다.

- ● 미국 내 대학 랭킹
  - 하버드: 1위
  - 예일: 4위
  - 프린스턴: 1위
  - 컬럼비아: 4위

- ● 국제 대학 랭킹
  - 하버드: 5위
  - 예일: 16위
  - 프린스턴: 8위
  - 컬럼비아: 20위

지금까지 아이비리그에 속한 대학들은 다양한 분야에서 훌륭한 인물들을 배출해 왔다. 세계 최대 규모의 온라인 쇼핑몰인 아마존닷 컴Amazon.com을 설립한 제프 베이조스Jeff Bezos는 프린스턴 대학 출신 이며, 전 대통령인 조지 W. 부시George W. Bush는 하버드 대학, 버락 오 바마Barack Obama는 컬럼비아 대학 출신이다. 2011년 미국 경제 전문 지 〈포천Fortune〉에 따르면, 미국 500개 대기업 최고경영자CEO 가운데 약 27퍼센트가 아이비리그 대학 출신이라고 한다.

아이비리그 대학들은 그 명성만큼이나 수준 높은 교육을 제공하 는 것으로 알려져 있다. 하지만 아이비리그 대학은 미국에서 가장 엄 격한 입학 기준을 가지고 있어 경쟁이 치열하다. 이들 대학에 합격하 기 위해서는 학업 성취도, 공인 인증 시험 점수, 대외 활동, 에세이, 추천서 및 면접 등 여러 가지 요소를 고려하여 준비해야 한다.

아이비리그 전통과 문화

아이비리그를 학문적 명성에만 주안점을 두고 바라 본다면, 이 대학들만이 가지는 전통과 문화에 대한 이해를 간과할 수 있다. 미국 식민지 시대까지 거슬러 올라가는 오랜 역사를 가진 아이비리그 대학들은 각 대학마다 독특한 전통을 가지고 있는데, 이러한 전통을 함께한 경험은 동문의 관계를 더욱 긴밀하게 만든다. 그렇다면 아이비리그 대학교들의 전통과 문화는 어떤 것들이 있을까?

하버드 대학에서는 가을학기와 봄학기 기말고사가 시작되기 전날 밤에 프라이멀 스크림Primal Scream, 원초적 비명이라는 전통적인 행사를 한다. 학생들이 자정에 하버드 야드Harvard Yard에 모여 함께 소리를 지르며 그동안 쌓인 스트레스를 해소하는 비공식 행사다. 이때 학생들은 옷을 벗은 상태로 하버드 야드를 달리거나 재미있는 의상과 가면을 착용하기도 한다. 프라이멀 스크림을 통해 학생들은 잠깐이나마 학업의 압박에서 벗어나 동료들과의 결속을 다질 수 있다.

프린스턴 대학에서는 신입생과 2학년생이 케인 스프리Cane Spree, 지팡이 놀이 게임에 참여한다. 선배들은 신입생이 가지고 있는 지팡이를 훔치고 신입생은 자신의 지팡이를 빼앗기지 않는 방식으로 게임이 운영된다. 이 게임은 부상 등의 문제로 인해 여러 번 금지되었다가 최근에 다시 부활했다.

매년 3월 17일인 성 패트릭의 날St. Patrick's Day 전 목요일에는 드래곤 데이Dragon Day라는 코넬 대학교의 독특한 전통 행사가 열린다. 단과대인 건축대학College of Architecture, Art, and Planning이 설립된 1901년, 건축대학 학생들과 교수진은 겨울의 끝과 봄의 시작을 기념하기 위한 행사를 시작했다. 건축대학 1학년 학생들은 대형 용 모형을 만들고 퍼레이드를 벌이는데, 학생, 교수, 교직원들이 모두 함께 모여 캠퍼스를 행진한다. 행진의 마지막엔 용을 모닥불에 태움으로써 겨울이 끝나고 봄이 시작됨을 알린다.

오르고 나이트^{Orgo Night}는 유기화학 기말고사 전날 밤 컬럼비아 대학교에서 열리는 뮤지컬과 코미디 행사다. 이 행사는 공연으로 유명한 컬럼비아 대학교 마칭 밴드^{Columbia University Marching Band}가 주최한다. 밴드는 유머러스한 촌극과 패러디를 선보이며 종종 대학 행정과 시사 문제를 풍자한다. 이 행사는 도서관에서 열리며 매년 컬럼비아 대학 학생들의 많은 기대를 모으는 전통으로 자리 잡았다.

브라운 대학교의 정문 역할을 하는 반 위클 게이트^{Van Wickle Gate}는 1년에 3번 열린다. 첫 번째와 두 번째는 학년 초와 봄 학기 초에 학생들을 맞이하기 위해 안쪽으로 열리고 세 번째는 봄 학기 말 졸업식 행렬을 위해 바깥쪽으로 열린다. 이 문을 두 번 이상 지나가는 학생들은 졸업하지 못한다는 캠퍼스 미신이 있다. 이 문은 1876년 브라운 대학교 졸업생이었던 오거스터스 스타우트 반 위클^{Augustus Stout Van Wickle}을 기념하기 위해 반 위클 가족이 1901년에 기부했다.

이처럼 학문적으로 우수하고 오래된 문화적 전통이 있는 아이비리그이지만 문제점도 존재한다.

첫째, 치열한 입학 경쟁에서 오는 스트레스다. 아이비리그 대학 지원자들은 입학을 위해서 대학에서 요구하는 높은 학업 성취도를 충족하고 다양한 활동 경력을 갖추어야 하므로 많은 스트레스를 받고 있다.

둘째, 비싼 등록금은 가계에 부담이 된다. 아이비리그 대학의 등

반 위클 게이트

록금은 2021년 기준 연간 5만에서 약 6만 불로 한국 돈으로 환산하면 6천에서 7천만 원이 넘는 금액이다. 이와 같은 학비 부담을 해결하고자, 대출을 이용한 학생들은 졸업 후 높은 학자금 부채를 떠안는 상황에 직면하게 된다. 또한 비싼 등록금은 학생들의 사회 경제적 배경에 따라 교육 불균형을 초래할 수 있다. 실례로 아이비리그 대학에서 백인과 동양 학생을 합친 비율이 평균적으로 50퍼센트에서 60퍼센트에 달하는 반면 흑인 학생들의 비율은 5퍼센트에서 9퍼센트밖에 되지 않는다. 이러한 문제점들은 향후 아이비리그 대학들이 해결해야 할 과제이기도 하다.

왜 아이언 벨트는
러스트 벨트가 되었을까

‘러스트 벨트Rust Belt’를 직역하면 ‘녹슨 지대’라는 뜻으로, 주로 미국 중서부와 북동부를 가로지르는 산업 지역을 일컫는다. 이 지역은 20세기 중후반까지만 해도 미국 경제 성장의 호황기를 가져다준 제조업과 공업 중심지로 아이언 벨트Iron Belt라고 불리기도 했다. 그러나 1970년대 후반 쇠퇴기를 겪으며 버려진 많은 공장이 녹슬고 황폐화하면서 러스트 벨트라는 명칭을 얻게 된 것이다.

제2차 세계 대전 당시 이 지역에 속한 디트로이트의 자동차 공장들과 피츠버그의 철강 공장들이 없었다면 미국은 승리를 거두지 못했을 거라는 말이 회자될 정도로, 지금까지도 미국의 승전에 기여한 공로를 인정받고 있다. 전쟁이 끝나자 이 지역에는 황금기가 도래했고, 이 지역의 대표적 도시 중 하나인 디트로이트는 1960년대 미국

러스트 벨트(지도의 ■색 부분)

에서 1인당 소득이 가장 높은 도시였다.

　이처럼 호황을 누렸던 아이언 벨트가 러스트 벨트로 변한 이유는 무엇일까? 이는 글로벌 경제 변화로 인해 경쟁에서 뒤처진 제조업 분야의 쇠퇴에 기인한다.

철강의 도시 피츠버그

러스트 벨트에 속한 피츠버그는 19세기 후반부터 20세기 초반까지 미국 철강 산업을 이끈 도시였다. 철광 왕이라 불리는 앤드루 카네기^{Andrew Carnegie}

가 세운 유에스스틸^{U.S. Steel}사가 대표적인 이 도시의 철강 회사다. 1901년에 유에스스틸은 미국 전체 철강 생산의 2/3를 차지했을 정도로 미국 산업 발전의 원동력이었다. 1953년 기준 이 회사의 철강 생산량은 3,500만 톤 이상이었고, 34만 명 이

앤드루 카네기

번성한 피츠버그의 모습(파울러, 1902, 미국의회도서관 소장)

상의 직원을 거느린 슈퍼 대기업이었다.

그렇다면 피츠버그는 왜 철강 도시가 되었을까? 이 도시는 철광이 풍부한 지역으로, 철강 제조업에 필요한 자원을 쉽게 확보할 수 있었다. 이를 통해 다양한 철강 제품을 생산했다. 이곳에서 생산된 철강은 건설, 철도, 자동차 그리고 선박 제조, 무기 생산 등과 같은 여러 산업 분야에 사용되었다.

자동차의 도시 디트로이트
러스트 벨트는 자동차 산업의 메카이기도 하다. 특히, 디트로이트는 '모터 시티'로 불릴 정도로 미국 자동차 산업의 심장이다.

포드 모델 T 카달로그, 1909

지금도 미국의 3대 자동차 회사인 포드^{Ford}, 제너럴모터스^{General} ^{Motors}, 크라이슬러^{Chrysler}가 이 도시에서 자동차를 생산한다. 디트로이트는 초기 미국 자동차 산업의 성장과 발전에 중요한 역할을 했다.

특히 헨리 포드^{Henry Ford}의 포드사가 출시한 모델 T 자동차의 대량 생산은 자동차 산업을 본격적으로 성장시킨 신호탄이었다. 1908년에 출시된 모델 T 자동차는 대량 생산 기술을 도입하여 비교적 저렴한 가격에 판매되었고, 미국뿐만이 아니라 전 세계적으로 인기를 끌었다. 모델 T는 '무엇이든지 제대로 만들고, 대중에게 저렴한 가격으로 판매하라'* 는 포드의 철학을 반영한 제품이었다. 이러한 혁신적인 생산 방식을 기반으로 디트로이트는 자동차 산업의 중심지로 자리매김하게 되었다.

★   Make the best quality of goods possible at the lowest cost possible.

클리블랜드의 스탠더드오일 공장, 1915

석유 화학 산업의 중심지였던 클리블랜드

러스트 벨트는 석유 산업에서도 중요한 역할을 했다. 그 대표적인 도시가 클리블랜드다.

이 도시를 석유 산업의 중심지로 만든 사람이 바로 그 유명한 존 데이비슨 록펠러John Davison Rockefeller다. 그가 1870년에 클리블랜드에 동업자들과 함께 설립한 스탠더드오일사Standard Oil Company는 석유 생산, 운송, 정유, 마케팅 분야에서 독보적인 경쟁력을 가지고 있었다. 1890년에는 미국 내 88퍼센트의 시장 점유율을 기록하며, 석유 산업에서 독점적 위치를 차지했다. 클리블랜드에 밀집한 많은 석유 화학 공장과 정유소들은 석유를 기반으로 한 대표적인 제품인 플라스틱 소재 생산을 촉발한 기반이었다. 이 지역에서 생산된 플라스틱은 전자 제품, 자동차 부품 등 다양한 산업 분야에서 사용되었다.

왜 아이언 벨트는 러스트 벨트가 되었을까?

20세기 후반부터 21세기 초반 글로벌 경제 변화로 인해 아이언 벨트의 주축 산업들은 경쟁에서 뒤처지며 쇠락해 러스트 벨트로의 길을 걷게 되었는데 그 이유를 몇 가지 점에서 찾아볼 수 있다.

먼저, 글로벌 경제 상황 변화에 대응하지 못한 점이다. 러스트 벨트의 주요 산업 분야 중 하나였던 철강 산업은 저렴한 인건비를 무기로 철강을 공급하는 국가들과 가격 경쟁력에서 밀리게 되었고, 이로 인해 지역의 기반이 되는 철강 업체들은 생산량을 줄이거나 도산하게 되었다.

또 자동차 분야에서는 비용 절감을 위해 자동화 기술을 도입하거나 공장을 해외로 이전하는 일들이 발생했는데 이는 결과적으로 러스트 벨트 지역의 일자리 감소, 공장 폐쇄, 지역 산업 기반 몰락으로 인한 도시의 황폐화라는 연쇄적인 효과를 불러일으켰다.

러스트 벨트라고 불리는 또 다른 요인을 경제 구조 변화에서도 찾아볼 수 있다. 경제 구조가 서비스 산업 및 IT 산업 중심으로 이동하면서, 제조업 중심이던 이 지역은 신규 산업 분야로의 전환에 어려움을 겪었다.

이러한 침체된 환경은 여러 가지 사회 문제들을 야기했으며, 이 지역의 쇠퇴를 한층 더 가속화했다. 러스트 벨트의 강력 범죄율은 미국 전국 평균보다 높아, CBS 뉴스에 따르면 미국 내 1인당 살인 범죄율이 가장 높은 5개 대도시 중 3개가 러스트 벨트에 속한다. 바로 볼티모어, 디트로이트 그리고 클리블랜드다. 이는 고용 기회 감소와 경제 어려움 때문에 떠난 인구에 의해 도시 공동화가 일어나고 이에 따른 치안 부재에 의해 범죄율이 증가했기 때문이다.

지금의 러스트 벨트는 생존을 위한 변화를 모색 중이다. 인플레이션과 부동산이 폭등하는 상황에서 러스트 벨트는 이제 새로운 보금자리를 찾는 기업들과 근로자들에게 기회를 제공하고 있다. 인텔은 오하이오에 200억 달러 규모의 투자를 할 것이라고 발표했는데, 이는 러스트 벨트가 다시 한번 미국 경제의 중심지로 도약할 수 있는 가능성을 시사한다. 향후 러스트 벨트가 예전의 명성을 되찾을 수 있는지 지켜보는 것 또한 미국 산업의 흥망성쇠를 엿볼 수 있는 좋은 기회가 될 것이다.

기독·보수 문화의 중심지 – 바이블 벨트

미국 헌법 제1조는 특정 종교를 국교로 정하거나, 개인의 자유로운 종교 활동을 침해하는 것을 법으로 금지하고 있다. 이처럼 미국은 종교의 자유를 보장하는 나라다. 하지만 미국은 역사적으로 기독교, 그 중에서도 특히 개신교가 미국 사회와 문화 형성에 지대한 영향을 끼쳐 왔다. 미국 사회에서 개신교의 영향력이 어느 정도였는지는 역대 미국 대통령들의 종교를 통해서도 짐작해 볼 수 있다. 천주교 신자인 존 F. 케네디John F. Kennedy와 조 바이든Joe Biden 대통령을 제외하면 대다수 대통령의 종교는 개신교였다.

그렇다면 미국 내에서 이러한 개신교가 중심이 되는 지역은 어느 곳일까? 바로 바이블 벨트Bible Belt라고 불리는 미국의 동남부와 중남부 지역이다. 바이블 벨트가 지닌 종교적, 정치적, 문화적 특성은 우리가 몰랐던 미국 문화에 대한 색다른 모습을 보여 준다.

바이블 벨트란 무엇인가?

바이블 벨트는 주로 정치적으로 보수적이며 개신교의 영향이 큰 지역을 지칭한다. 앨라배마주, 미시시피주, 테네시주, 조지아주, 사우스캐롤라이나주, 노스캐롤라이나주, 아칸소주, 켄터키주, 오클라호마주, 루이지애나주, 텍사스주 등이 이 지역에 속한다.

이 지역은 근본주의적이고 보수적인 성향을 가진 교파와 교회가 많다. 이러한 성향은 삶의 가치를 성경 가르침의 생활 속 실천에 두고 있는 데서 비롯된다. 이러한 종교적 영향으로 바이블 벨트의 카운티에 따라 주류 판매 자체를 금지하거나 일요일에만 한시적으로 제한하기도 한다.

또한, 이곳의 보수적 개신교는 개인의 생활 방식뿐만 아니라 사회적 가치와 정치 성향에도 영향을 미치고 있다. 그래서 바이블 벨트의 많은 주에서는 여전히 창조론과 진화론에 관한 논쟁이 뜨거우며, 동

바이블 벨트

앨라배마주 광고판

성애와 낙태에 반대하는 운동이 빈번하게 일어난다. 이러한 지역적 성향으로 인해 정치인들은 보수 기독교적인 가치에 기반을 둔 정책을 펼치며, 바이블 벨트 지역의 지지를 얻고자 한다. 대표적인 이슈가 낙태 반대와 동성 결혼 금지다. 이곳 교회들은 종교적 가치 실현을 위해 선거 캠페인을 지원하는 행사를 주최하면서 개신교 유권자들의 표심에 지대한 영향력을 행사해 왔다. 이로 인해 보수 정당인 공화당이 바이블 벨트 지역에서 강력한 지지를 얻고 있다.

바이블 벨트는 모순적 특징을 가지고 있다   아마도 바이블 벨트가 기독교적 윤리에 바탕을 두고 있다는 점에서 이 지역이 미국의 다른 주에 비해 사회적 문제 발생 비율이 더 적을 것이라 생각할 수 있을 것이다. 하지만 바이블 벨트는 그 명칭과는 다른 모순적 특징을 지니고 있다. 이곳이 지닌 보수적 색채와는 다르게 바이블 벨트는 미국 내에서 이혼, 한 부모 가정, 십 대 임신 비율이 상대적으로 높은 지역이다.

가족의 분리를 의미하는 이혼은 바이블 벨트가 추구하는 가족 중시 즉, 성경의 가르침에 반하는 가치이기 때문에 바이블 벨트의 이혼에 대한 인식이 미국 내 타 지역에 비해 비교적 좋지 않다. 그럼에도 불구하고 바이블 벨트의 지나친 가족 중시 전통은 오히려 이 지역의 이혼율을 증가시키는 부작용을 낳았다. 결혼을 해서 가정을 꾸려야 한다는 사회적 압박으로 인해 바이블 벨트 일부 지역에서는 조혼을 장려하고 있다. 하지만 〈미국 사회학 저널American Journal of Sociology〉의 연구에 따르면 어린 나이에 혼인하는 경우, 이혼 가능성이 더 높다고 한다. 조혼으로 인한 교육 및 취업 기회 제한은 개인이 경제 활동의 독립된 주체로 성장하는 것을 가로막으며, 이는 곧 결혼 생활에서 오는 스트레스의 주된 원인으로 작용한다. 결국 바이블 벨트가 가족 중심적 가치를 유지하고자 장려했던 조혼이 오히려 이혼율 증가와 한 부모 가정 비율이 높아지는 결과를 가져왔다.

한편, 바이블 벨트는 기독교 윤리에 입각한 보수적인 문화로 인해 혼전 성관계와 피임을 금기시하고 있다. 이는 미국 내에 다른 지역들보다 바이블 벨트가 가장 높은 십 대 임신율을 보이게 되는 예기치 못한 부작용을 낳았다. 보수적인 바이블 벨트에서 행해지는 성교육 프로그램은 주로 금욕에 주안점을 두고 있으며, 피임 방법에 대한 정보를 제한적으로 제공하고 있다. 이렇다 보니 이 지역의 많은 십 대들은 올바른 성관계에 대한 인식과 이에 필요한 지식에 대한 접근에 제약을 받을 수밖에 없었다.

또한 혼전 성관계와 피임약 사용에 대한 부정적인 사회 인식은 십 대들이 이와 관련된 정보를 찾는 것이 부조리하고 심지어는 죄악을 범하는 행위로 여겨지는 환경을 조성했다. 결국 이러한 보수적 분위기는 많은 십 대들이 원치 않는 임신을 하게 되는 결과를 낳았다.

현재의 바이블 벨트는 어떠한가? 오늘날 바이블 벨트에는 일자리 기회를 찾아 많은 이주민이 유입해 오고 있다. 이주민 중에는 해외 이민자도 많은데, 이들의 종교로 인해 기독교에 바탕을 둔 바이블 벨트의 종교에도 변화의 바람이 불고 있다. 히스패닉계 출신 이민자들이 이곳에 정착하면서 가톨릭 신자 수가 늘어나게 되었고, 조지아주와 텍사스주에 미국 10대 힌두교 사원 중 3개를 두고 있을 정도로 힌두교 인구도 점차 늘어나는 추세다. 또, 조지아주 애틀랜타시에는 마스지드 알 무민눈Masjid Al-Mu'minun이라는 유명한 이슬람 사원이 자리하고 있어, 이슬람 인구 유입도 지속되고 있다.

이 같은 다양성의 증가는 보수적 개신교 중심이었던 바이블 벨트의 인종·문화적 이해와 포용을 증진시키면서도 또 다른 갈등을 초래하는 요인으로 작용했다. 그 단적인 예가 2016년 조지아주 뉴턴 카운티에서 일어난 이슬람 사원 건축 반대 운동이다. 이곳에 정착한 이슬람 이민자들이 사원 건축 허가를 카운티에 요청했다. 이 소식을 들은 무장 백인 민병대는 이곳에서 지어질 이슬람 사원이 테러리스트의 본거지가 될 것으로 우려하여 카운티에 사원 건축 승인을 거부하라는 위협을 가하기도 했다.

이처럼 바이블 벨트에는 미국의 지배 종교인 개신교가 사회 문화적 가치와 생활 방식 등에 현재까지도 많은 영향을 끼치고 있다. 하지만 점차 종교, 문화적인 다양성이 늘어나고 있다.

맥주 산업의 중심지-
세인트루이스, 밀워키, 덴버

미국의 대표적 맥주 상표를 꼽으라고 한다면 버드와이저^{Budweiser}, 밀러^{Miller}, 그리고 쿠어스^{Coors}가 있다. 버드와이저는 세인트루이스에, 밀러는 밀워키에, 쿠어스는 덴버에 기반을 두고 있다. 이 회사들의 공통점은 무엇일까? 이들 모두 독일계 이민자들에 의해 설립된 회사란 점이다. 19세기 중반부터 20세기 초반에 독일에서 미국으로 건너온 독일인들은 맥주 생산 및 문화를 미국에 소개하고 발전시키는 데 중요한 역할을 했다.

미국에 라거맥주를 전파한 독일 이민자들

미국의 양조장 수는 1850년 431개에서 1860년 1,200개, 1873년 4,131개로 20여 년 동안 빠르게 증가했다. 미국인의 1인당 맥주 소비량 역시 1860년 대략 15리터에서 1910년 75리터로 5배나 늘어났다. 그 이유가 무엇이었을까?

미국의 양조장이 호황을 누렸던 1870년대는 독일인의 미국 이주가 꾸준히 증가하던 시기였다. 독일계 이민자들이 독일로부터 들여온 라거Lager맥주는 주류 산업의 새로운 전환점을 마련해 주었다. 미국인들은 라거맥주가 소개되기 전에는 주로 영국의 에일Ale맥주를 즐겼다. 1850년 이전까지는 영국식 에일맥주가 미국 맥주 생산량의 약 80퍼센트를 차지했는데, 1900년이 되자 독일식 라거맥주가 생산량의 90퍼센트를 차지했다.

'하면 발효' 맥주를 뜻하는 라거는 냉장 보관을 통해 오랜 기간 숙성된다. 라거라는 이름 자체도 '저장하다'를 의미하는 독일어 'lagern'에서 유래했다. 에일에 비해 숙성 기간이 긴 라거는 깔끔한 청량감을 제공하며 부드러운 맛이 난다. 라거맥주의 대표적인 예가 네덜란드의 하이네켄Heineken, 미국의 버드와이저 그리고 한국의 클라우드Kloud 등이다.

왼쪽의 에일맥주와
오른쪽의 라거맥주

반면 '상면 발효' 맥주인 에일은 라거에 비해 더 높은 온도에서 발효 및 숙성이 이루어진다. 그리고 빠르게 발효되는 특징으로 인해 상대적으로 짧은 시간 안에 생산되며 라거보다 맛과 향이 진하다. 우리가 아는 기네스Guinness 맥주가 대표적인 에일맥주다.

버드와이저, 쿠어스, 밀러 맥주

미국에서 라거맥주의 인기는 영국식 에일맥주를 압도하며 대중에게 사랑받기 시작했다. 이러한 인기에 힘입어 많은 독일계 '맥주 부호beer barons'들이 등장했으며, 이들을 중심으로 전국 각지에 맥주 왕조가 만들어졌다. 그 대표적인 예가 세인트루이스의 버드와이저, 밀워키의 밀러, 그리고 콜로라도의 쿠어스다. 이들 중 특히 밀워키는 20세기 초반까지 세계 최대 맥주 생산 도시였다.

독일 이민자들 밀워키를 '전 세계 맥주의 수도'로 만들다

밀워키는 한때 '전 세계 맥주의 수도'로 불렸을 정도로 20세기 초반까지 세계에서 가장 큰 네 개의 양조장이 있던 곳이다. 그래서 밀워키의 메이저 리그 야구팀 이름도 '밀워키 브루어스 Milwaukee Brewers' 즉 '밀워키 양조업자들'이다.

그렇다면 어떻게 밀워키가 '맥주의 도시'가 되었을까? 첫째, 밀워키로 유입된 독일 이민자들 때문이다. 독일 이민자들은 독일의 라거 맥주 양조 기술과 전통을 밀워키로 들여와서 고품질 맥주를 생산하

밀워키의 밀러 맥주 공장

게 했다. 둘째, 밀워키는 미시간호와 가깝기 때문에 홉, 보리, 맥아와 같은 원자재 조달이 원활한 이상적인 항구 도시였다. 게다가 도시의 체계화된 철도 교통망 덕분에 제조된 맥주의 유통이 원활히 이루어졌다. 셋째, 맥주는 대부분 물로 이루어져 있어 수질은 맥주의 맛과 품질에 직접적인 영향을 미친다. 미시간호 서쪽 해안에 있는 깨끗한 호수는 양질의 맥주 제조에 이상적인 물의 공급원이었다. 또한 이지역의 풍부한 목재는 맥주 배럴 및 기타 양조 장비 제작을 용이하게 했다. 목재는 맥주 통을 만드는 데 사용되며, 맥주의 숙성과 품질을 결정하는 데 중요한 역할을 한다. 넷째, 밀워키의 추운 기후는 라거맥주 숙성에 최적의 조건이 되었다. 밀워키의 연평균 기온은 7도(2022년 기준)로, 짧은 여름에 비해 긴 겨울을 나야 하는 도시의 특성상 얼음을 제공받는 것이 용이했다. 얼음은 맥주 생산 과정에서 중요한 역할을 하는데, 맥주의 발효 및 숙성에 적절한 온도를 유지하기 위해 필요하다. 특히 라거맥주는 낮은 온도에서 숙성하므로 이를 위해 맥주 생산 도시 내에서 얼음을 조달할 수 있어야 한다. 밀워키는 저렴한 얼음 공급에 최적화된 도시였다.

이러한 지역 환경 덕분에 독일 이민자들은 저온 저장 시설과 냉장 시설을 구축할 수 있었고, 이들의 양조장은 맥주를 일관된 품질로 유지하고 더 오랜 기간 저장할 수 있었다. 이를 통해 팹스트Pabst, 슐리츠Schlitz 및 밀러 브루잉 컴퍼니Miller Brewing Company와 같은 세계적인 양조장들이 밀워키에 설립되어 이 도시는 세계 최대 맥주 생산지로 발돋움하게 되었다.

이렇듯 미국 전역에 양조장을 설립한 독일 이민자들은 지역 음주 문화를 형성하고 독일식 맥주의 전파에 큰 영향을 미쳤다. 양조장들은 단순히 술을 마시러 가는 장소를 넘어서 사교모임의 중심지이기도 했다. 또한 맥주의 생산, 유통 및 판매를 통해 지역 경제에 이바지했다.

맥주가 미국 야구를 구하다

하지만 독일식 맥주가 언제나 사랑받아 왔던 것은 아니다. 19세기 중반 이후, 독일 이민자들이 지배하는 맥주 산업이 성장함에 따라 이를 반대하는 이들 또한 등장하여 알코올의 재앙에 대해 비판하기 시작했다. 주류 백인 개신교도들을 중심으로 제기된 이러한 비판은 음주가 가정 폭력, 정치 부패, 도박, 매춘 같은 사회적 문제의 증가 원인이라는 인식에서 비롯되었다. 급기야 개신교도들에 의한 금주 운동이 일어났으며, 이에 영향을 받아 1850년대에는 13개 주가 주류 판매를 금지했다.

독일식 맥주에 대한 반감은 야구장까지 번졌다. 19세기 후반 미국 프로 야구는 가족 친화적인 스포츠로 자리 잡는 데 몇 가지 도전에 직면했다. 야구장에서 관중들은 음주, 도박 등 무질서한 행동을 일삼았고 심지어 매춘부까지 등장하기도 했다. 이에 1878년, 내셔널 리그National Baseball League는 야구에 대한 이미지를 개선하기 위해 경기장에서 맥주 판매를 금지하고 일요일 경기를 중단했다. 또한 노동자 계층이 접근할 수 없도록 입장권 가격을 인상했다. 이러한 조치는 스포츠의 위상과 명성을 높이고자 하는 내셔널 리그의 바람을 반영한 것으로 가족들이 편하게 즐길 수 있는 야구 문화를 도입하고자 했다. 또한 보다 더 많은 부유한 청중을 유치해서 야구를 전문적이고

1900년, 맥주를 사랑하는 독일인을 조롱하는 엽서

고급스러운 스포츠로 인식시키려 했다.

하지만 리그의 이러한 움직임에 대해 여러 구단이 반기를 들었다. 리그는 독일계 미국인 거주 지역을 연고로 하는 신시내티 야구팀을 제명했는데, 팀의 단장이 리그의 새로운 규칙 따르기를 거부했기 때문이다. 이에 반발하여 독일계 미국인들이 많은 세인트루이스, 신시내티, 볼티모어, 필라델피아 4개 팀을 포함하여 6개 팀이 리그에서 탈퇴했다. 그리고 1881년에 이들이 주축이 되어 아메리칸 어소시에이션American Association을 결성했다.

내셔널 리그와 달리 아메리칸 어소시에이션은 노동자들을 배려하기 위한 정책들을 펼쳤다. 경기장에서 맥주 판매를 허용했고, 티켓을 25센트라는 저렴한 가격에 팔았으며, 당시 미국 노동자들의 유일한 휴식일이었던 일요일에도 경기를 열었다. 새로운 리그의 효과는 기대 이상이었다. 아메리칸 어소시에이션은 내셔널 리그보다 4배 이상의 수익을 올렸다.

결국 내셔널 리그의 엄격한 규정은 실패로 돌아갔고, 이 리그 역시 맥주 판매와 일요일 게임을 허용하여 야구의 인기를 높였다. 현재 시원한 맥주를 마시며 야구를 관람하는 전통은 아메리칸 어소시에이션의 내셔널 리그에 대한 저항 때문이었다. 아메리칸 어소시에이션은 나중에 우리가 아는 아메리칸 리그American League의 토대가 되었다.

요약하면, 오늘날 미국인들이 즐기는 맥주는 독일계 이민자들의 영향, 그들이 생산한 맥주의 품질, 양조 기술, 문화적 요인 때문이었다. 그리고 미국의 독일식 맥주에 대한 선호도를 형성하는 데 도움이 된 현지 양조장의 설립에 기인했다. 독일인들이 지나간 곳에는 맥주 공장이 만들어졌다. 심지어 우리가 즐기는 칭다오^{青島} 맥주도 그곳을 잠시 식민지로 삼았던 독일인들에 의해 만들어졌다. 만약 독일인들이 독일에만 머물러 살았다면 어땠을까? 우리는 아마 소주와 막걸리만 먹고 살았을지도 모른다. 독일인들이 전 세계에 끼친 막대한 영향이 맥주로부터 느껴진다.

사우스다코타주의 조각상에 담긴 인디언 역사

사우스다코타주에 가면 역대 대통령 4명의 조각이 새겨져 있는 러시모어산 국립기념지Mount Rushmore National Memorial가 있다. 바위들로 이루어진 러시모어산은 본래 미국 원주민들의 성지로 여겨지는 곳이었는데, 백인들이 불법적으로 빼앗아 자신들의 대통령 조각상을 만들어 버렸다.

그곳에서 차로 40분 떨어진 곳에 미국 원주민들이 세계에서 두 번째로 큰 조각상이 될 크레이지 호스 기념비Crazy Horse Monument를 만들고 있다. 원주민들이 이 조각상을 제작하는 데에는 남다른 이유가 있다. 이는 원주민들 역시 자신들만의 위대한 영웅들이 있다는 점을 세상에 널리 알리기 위해서이다.

크레이지 호스 기념비

내가 미국에서 생활했을 때, 마지막으로 여행 갔던 곳이 바로 크레이지 호스 기념관이었다. 입구 안내판에는 미국 원주민의 대표적 영웅인 '크레이지 호스Crazy Horse' 그림이 그려져 있다.

이 거대한 기념비는 선더헤드산Thunderhead Mountain의 화강암에 조각되고 있으며, 방문객들은 계단을 통해 크레이지 호스의 얼굴이 있는 정상까지 올라갈 수 있다. 크레이지 호스 기념비가 완성된다면, 인도의 통일 조각상Statue of Unity에 이어 세계에서 두 번째로 큰 조각상이 될 것이다.

산에서 멀지 않은 방문객 센터에 이 기념비의 조각상 축소판이 있다. 조각상에서 크레이지 호스는 말을 타고 있으며 그의 왼손은 곧게 앞을 가리키고 있다. 이러한 모습은 그가 죽기 전 미국 기병대와 나누었던 마지막 대화를 기리기 위함이다. 이 유명한 일화가 계기가 되

2012년 크레이지 호스 기념관 입구

2023년 현재 제작 중인 크레이지 호스 기념비

최종 조각상 축소판

어 크레이지 호스의 기념비 제작이 시작되었고, 현재는 조각상의 얼굴만이 완성된 상태이다.

기념비 사업은 언제 어떻게 시작되었을까?

크레이지 호스 기념비 건설 사업은 어떻게, 왜 시작됐을까? 이에 대한 답을 찾기 위해서는 그가 누구인지를 먼저 알아야 한다. 크레이지 호스는 부족을 지키기 위해 백인들과 싸워 승리를 거둔 대표적인 원주민이다. 그는 1840년경 사우스다코타주 선더헤드산의 북동쪽에서 태어났다. 그의 본래 이름은 컬리Curly 또는 미색 머리Light Hair였지만, 이후 부족과 땅을 수호하는 원주민 전사를 뜻하는 크레이지 호스로 개명하였다.

그는 원주민의 외교를 담당하는 콘쿼링 베어Conquering Bear가 백인들에 의해 살해당하자 이에 맞서기로 결심했다. 1876년 크레이지 호스는 라코타 수Lakota Sioux와 샤이엔Cheyenne 부족 전사들로 이루어진 합동부대를 이끌고 조지 A. 커스터George A. Custer 사령관의 미국 제7기병대와 맞서 싸웠다. 리틀 빅혼 전투Battle of the Little Bighorn라고 알려진 이 전투에서 원주민 전사들이 승리를 거두었다. 약 200여 명의 미군이 전사한 리틀 빅혼 전투는 미국 역사상 가장 큰 규모의 백인 군 병력 피해를 안겨 주었다.

전투에서의 승리에도 불구하고 이후 많은 원주민은 백인들에 의해 보호구역으로 강제 이주를 당해야만 했다. 이 과정에서 1877년 크레이지 호스는 포로로 잡혀, 그해 9월 미군들에 의해 살해당했다.

1934년 모르몬교 선교사가 그린
크레이지 호스(오른쪽)
리틀 빅혼 전투(왼쪽)

　당시 크레이지 호스와 그의 부족은 미국 정부와의 협상을 위해 라코타Lakota 인디언 보호구역인 포트 로빈슨Fort Robinson에 갔다. 이 협상은 인디언들이 미국 정부와의 전쟁에서 항복하고 평화 조건을 논의하기 위해 마련된 것이었다. 그러나 협상 중에 크레이지 호스는 백인 군인들에 의해 붙잡히게 되었다. 이때 한 미국 병사가 그에게 물었다.

　"이제 너희들의 땅은 어디에 있나?"

　크레이지 호스는 이렇게 답했다.

　"내 땅은 내 죽은 자들이 묻힌 곳이다."

　즉, 자신의 조상들이 묻혀 있는 곳이 진정한 고향이며, 조상들이 물려준 땅이 바로 그들의 땅이라는 의미였다. 원주민 문화에서 땅은 단순한 물리적 자원이 아니라 영적이며, 자신의 정체성과 깊게 연결되어 있어 반드시 수호해야만 되는 가치를 담고 있었다.

"내 땅은 내 죽은 자들이 묻힌 곳이다."

헨리 스탠딩 베어와 코르자크 조코프스키 크레이지 호스가 사망하고 50년이 지나, 그가 묻힌 곳 근처인 블랙 힐스산Black Hills Mountain에서 백인들의 기념비 건설이 시작되었다. 그곳은 바로 네 명의 미국 대통령 얼굴이 조각된 러시모어산 국립기념지다. 러시모어산이 위치한 블랙 힐스산 지역은 본래 미국 원주민 땅이었다. 이는 1931년 크레이지 호스의 친척인 헨리 스탠딩 베어Henry Standing Bear와 루서 스탠딩 베어Luther Standing Bear가 크레이지 호스를 기념하는 조각상 건설 프로젝트를 진행하게 된 결정적 이유이기도 하다. 이에 관한 내용을 헨리 스탠딩 베어가 나중에 기념비 건설에 참가하게 된 폴란드계 조각가인 코르자크 조코프스키 Korczak Ziolkowski에게 쓴 편지에서 엿볼 수 있다.

"나와 나의 동료 부족장들은 백인들이 우리 적인(赤人, 원주민)들도

211

위대한 영웅들을 가지고 있다는 것을 알게 되길 원합니다."*

이 편지 내용에 감명받은 조코프스키의 주도로 1930년대부터 크레이지 호스 조각상 건설이 본격적으로 시작되었다. 당시 조코프스키는 1939년 뉴욕 월드 페어에서 폴란드계 음악가이자 정치인인 이그나치 얀 파데레프스키Ignacy Jan Paderewski를 조각해 일등상을 받아 실력을 인정받았었다.

조코프스키와 헨리 스탠딩 베어는 사우스다코타주 파인 리지에서 만났다. 스탠딩 베어는 조코프스키에게 라코타족의 역사와 자신들이 미국 정부에 의해 겪어야 했던 불의에 대해 알려 주었다. 이를 계기로 조코프스키는 크레이지 호스 조각상 프로젝트 참여를 결정했으며, 7년 후 사우스다코타주로 이주했다. 크레이지 호스 기념관 건립은 1948년 6월 3일에 시작되었는데 이때 조코프스키는 조각상 프로젝트의 취지를 다음과 같이 설명했다.

제가 산을 조각할 수 있다면, 이는 세상에서 가장 위대한 작업 중 하나가 될 것입니다. 한때 이곳에 살았지만 지금은 거의 멸종된 한 부족의 이야기를 들려주고자 합니다. ⋯⋯ 저는 그들(백인들)이 원주민들에게 저지른 잘못을 조금이라도 바로잡고 싶습니다.

★   "My fellow chiefs and I would like the white man to know the red man has great heroes, too."

코르자크 조코프스키

크레이지 호스를 조각함으로써 제가 원주민들에게 그가 가졌던 자부심을 조금이라도 돌려주며 그들의 문화와 유산을 존속시킬 수 있는 수단을 만들 수 있다면, 제 인생은 보람 있을 것입니다.*

이후 조코프스키는 그의 일생을 조각상 제작에 바쳤다. 그러나 1980년대 초쯤이면 프로젝트가 끝날 것이라 했던 예측이 빗나갔다. 예상했던 그 시기가 다다랐을 때는 조각상 머리 부분조차 완성되

★   If I can carve a mountain, that would be one of the great things of the world that would tell the story of a race of people that once lived here which are now practically extinct. ⋯⋯ I want to right a little of the wrong that they did to these people.
By carving Crazy Horse, if I can give back to the Indian some of his pride and create a means to keep alive his culture and heritage, my life will have been worthwhile.

지 않은 상태였다. 설상가상으로 조코프스키는 1982년 10월 20일에 세상을 떠나게 되었고, 그의 유언에 따라 조각상이 만들어지고 있는 선더헤드산 기슭에 묻혔다. 이후 그의 아내가 프로젝트를 주도했고 1998년에 머리 부분 작업이 마무리됐다. 작업은 계속되었지만 2014년에는 조코프스키의 아내까지 세상을 떠났고 지금까지도 조각상은 완성되지 않았다. 현재는 그들의 자녀들이 프로젝트를 이어받아 진행하고 있다.

공사가 지연된 이유는 무엇일까? 1948년 공사가 시작될 당시 조코프스키는 30년이면 작품이 완성될 것으로 예상했지만, 몇 가지 문제로 인해 공사가 지연되었다.

첫째, 크레이지 호스 조각상의 엄청난 규모 때문이다. 조각상이 완성된다면, 근처에 있는 미국 대통령 조각상과는 규모 면에서 비교가 되지 않을 정도로 세계에서 가장 큰 조각상 중 하나가 될 것이었다.

둘째, 이러한 조각상을 산허리에 새기는 것은 복잡하면서도 세밀한 작업을 요구한다. 이 때문에 예상치 못한 기술적인 어려움에 직면하는 경우가 발생해 예정된 일정을 넘길 수밖에 없었다.

셋째, 건설에 소요되는 자금 마련이 용이하지 않았다. 크레이지 호스 조각상은 개인의 기부와 방문객 수입에 주로 의존하여 건설 자금을 조달해 왔다. 하지만 이 정도의 자금으로 프로젝트에 소요되는 비용을 충당하기에는 턱없이 부족했다. 그럼에도 불구하고 크레이지 호스 기념관은 연방 또는 주 정부의 재정 지원을 거부해 왔다. 결국 자금 부족으로 인해 건설 작업의 진척이 더욱 느려질 수밖에 없었다.

2023년 현재 기념비가 언제 완성될지에 대한 일정은 없다. 다만 손, 팔, 어깨, 헤어라인, 말 머리 꼭대기 부분은 2037년까지 완성될 것으로 예상되고 있다.

크레이지 호스가 남길 유산

인내와 저항 정신의 상징이자 부족을 위해 헌신한 크레이지 호스는 당시 원주민과 백인 간의 관계를 이해할 수 있는 대표적인 인물이다. 조각상의 규모가 어떻든 간에 어떠한 기념비도 3세기에 걸친 식민지화, 대량학살, 인종청소 등 백인들이 미국 원주민들에게 자행한 역사적 불의들을 정당화시키거나 바로잡을 수 없을 것이다. 하지만 크레이지 호스 조각상은 남아 있는 북미 원주민들뿐만 아니라 전 세계에 이와 비슷한 경험으로 고통을 받아 왔거나 받고 있는 사람들에게 희망의 상징이 될 수 있다.

미국의 어느 저널리스트는 다음과 같이 말했다.

> "미국 역사상 크레이지 호스만큼 고귀하고 저항적 인물은 거의 없습니다. 그의 맹렬한 정신은 저항의 삶을 추구하는 모든 이들에게 본보기로 남아 있습니다."[*]

---

[*] "There are few resistance figures in American history as noble as Crazy Horse. His ferocity of spirit remains a guiding light for all who seek lives of defiance."

저항의 중심지-
샌프란시스코

제2차 세계 대전 이후 미국은 경제가 부흥함에 따라 중산층이 부상

하고 출산율이 급속하게 증가했다. 이 시기에 태어난 베이비 부머baby

boomer 세대는 당시의 시대 상황과 맞물려 사회 문화적 변화를 갈망

했다. 이들은 인종차별, 성차별, 소수자 인권 등 다양한 사회 문제를

개선하기 위해 노력했으며 음악, 예술, 문화적 혁신에 관심을 가졌다.

1960년대 베이비 부머 세대들은 기존의 보수적인 가치와 문화에 저

항하는 반문화 운동의 주축이 되었으며, 흑인 민권 운동, 반전 운동,

여성 해방 운동 같은 다양한 사회 운동에 참여했다.

　　이러한 운동들 중심에 있던 도시 중 하나가 바로 샌프란시스코다.

그렇다면 왜 샌프란시스코는 사회 운동의 중심지가 되었을까? 이는

샌프란시스코가 가진 개방성과 다양성에 기인한다.

민권 운동의 중심지

샌프란시스코는 1960년대 민권 운동의 중심지 중 하나였다. 샌프란시스코에는 진보적인 백인뿐만이 아니라 흑인계, 동양계, 라틴계 그리고 성소수자 같은 그룹들이 공동체를 형성하고 있었다. 이러한 다양성에도 불구하고 '민권'이라는 공동의 가치 아래 서로 연대하게 되었다.

이들 그룹 중에서 특히 흑인들은 인종차별에 반대하는 민권 운동에 적극적으로 참여했다. 전미 유색인 지위 향상 협회National Association for the Advancement of Colored People 및 베이 지역 민권 협의회Bay Area Civil Rights Council 같은 흑인 단체들이 샌프란시스코에 기반을 두고 민권 법안 통과를 위해 활동했다. 또한, 샌프란시스코는 성소수자에 대한 차별 철폐와 권리 신장에 앞장선 도시이기도 했다.

1960년대 샌프란시스코에서는 다양한 인종과 문화적 배경을 가진 사람들이 한자리에 모여 평등, 인종적 정의, 차별 철폐를 요구하는

샌프란시스코

샌프란시스코 시위

시위를 벌여 나갔다. 도심의 거리와 공공장소에서 일어난 이러한 시위들로 인해 미국 사회에는 변화의 물결이 일기 시작했다.

대표적인 사례가 1963년 5월에 일어난 자유 행진Freedom March이다. 미국에 만연한 인종차별을 반대하고 민권 문제 개선을 요구하는 수천 명의 사람들이 거리에 나와 행진을 벌였다. 이러한 영향에 힘입어 인종, 종교, 성별, 혹은 출신 국가에 기반을 둔 차별을 금지하고 민권을 강화하는 민권법Civil Rights Act이 1964년에 제정되었다.

저렴한 주택 가격 다양한 사람들을 이주시키다   샌프란시스코 내의 헤이트 애시베리Haight-Ashbury 같은 구역은 1960년대 반문화 운동가들에게 상대적으로 저렴한 주택을 제공했다.

헤이트 애시베리 구역

이러한 주택들은 경제적 여유가 없던 젊은 예술가들이나 혁신적 라이프 스타일을 추구하는 이들에게 생활비 부담을 줄여줘 창의성이나 실험 정신을 발휘할 수 있는 토대를 마련해 주었다. 이에 힘입어 히피 문화와 예술적 가치를 추구하는 이들이 모이고 다양한 커뮤니티를 형성해 나가게 되어 헤이트 애시베리 구역은 1960년대 반문화와 히피 운동의 중심지로 자리 잡았다.

비트제너레이션 기존의 보수적 가치관에 반발해 저항적 문화를 추구했던 비트제너레이션Beat Generation은 샌프란시스코가 1960년대 반문화 운동의 중심이 되는 데 토대를 마련했다. 대표적으로 잭 케루악Jack Kerouac, 앨런 긴즈버그Allen Ginsberg, 닐 캐시디Neal Cassady, 윌리엄 S. 버로스William S. Burroughs 같은 비트제너레이션 작가들은 주류 사회 규범을 거부하고 문학 작품을 통해 개인의 자유와 자기표현의 경계를 탐구하려 노력했다. 특히 잭 케루악을 중심으로 많은 비트제너레이션 작가, 시인, 예술가들이 샌프란시스코의 노스비치North Beach 지역을 이러한 운동의 중심지로 만들었다.

잭 케루악

비트제너레이션 작가들은 주로 소외, 물질주의 거부, 신비주의 포용 같은 주제들을 다루었다. 대표적인 사례로 사회 규범에 도전하는 내용을 담고 있는 잭 케루악의 소설 《길 위에서On the Road》와 긴즈버그의 시집 《울부짖음Howl》이 있다. 이들 작품은 당시 사회에 환멸을 느껴 대안적인 삶을 갈망하던 1950~1960년대 젊은이들의 공감을 불러일으켰다.

반전 운동의 중심지

샌프란시스코는 1960~1970년대 베트남 전쟁에 반대하는 반전 운동의 중심지이기도 했다. 그 이유는 무엇일까? 첫째, 지리적인 이유를 들 수 있다. 샌프란시스코만灣은 군인들이 베트남으로 파병을 가기 전 마지막으로 본 미국 땅이었다. 1967년까지 미국의 베트남 참전 병력은 50만 명이었는데, 이들 중 20만 명 이상이 샌프란시스코만에 위치한 오클랜드 육

1967년 샌프란시스코 반전 시위

군 기지에서 파병되었다. 또한 파병되었던 병사들과 부상병들의 귀
환도 이곳을 통해 이루어졌다. 샌프란시스코는 수많은 미국의 젊은
이들이 전쟁에 끌려가는 모습을 직접 목격하고, 참전했던 군인들을
통해 생생한 전쟁의 참상을 들을 수 있는 곳이었다. 이는 샌프란시스
코에서 반전 운동이 일어나는 기폭제가 되었다.

특히 샌프란시스코와 주변 지역에는 대학들이 밀집해 있는데, 이
곳 학생들이 반전 운동에 중요한 역할을 했다. 그 대표적인 학교가
UC 버클리University of California, Berkeley다. UC 버클리는 전통적으로 자
유로운 사고를 지향하며 다양한 사상을 추구한다. 이러한 캠퍼스 환
경은 학생들이 사회 문제들에 대해 비판적으로 사고하고 반전 운동
에 적극적으로 참여하게 된 기반이 되었다. 한 예로 1965년 UC 버클

리의 대학원생이었던 마리오 사비오^{Mario Savio}의 주도하에 프리 스피치 운동^{Free Speech Movement}이 일어났다. 이 운동은 학교에서 학생들이 자유롭게 의견을 표명할 수 있는 표현의 자유를 보장받는 데에 기여했다.

또한 UC 버클리 학생들은 베트남 전쟁에 반대하고, 민권 운동과 같은 사회 운동에 적극적으로 참여했다. 1960년대 후반부터 1970년대 초반까지, 대학 캠퍼스에서는 주기적으로 대규모 시위와 학생 집회가 열렸다. 이에 많은 UC 버클리 교수들은 반전 운동에 참여한 학생들을 지지하고, 이와 관련된 연구와 토론을 활성화해 반전 메시지를 한층 더 부각시키는 데에 기여했다. UC 버클리의 반전 운동은 다른 대학과 시민 사회에도 영향을 미쳤다. 이러한 운동은 베트남 전쟁의 종전과 미국의 사회 변화에 기여했으며, UC 버클리는 그 중심에 있었다.

샌프란시스코 특유의 문화적 개방성과 다양성은 이 도시가 저항의 중심으로 자리 잡게 된 기반이 되었다.

'캔자스 외딴 시골집'에도 거주하는 한국 이주민

미국 지도를 사 등분으로 접으면 그 중심에 있는 주가 캔자스다. 캔자스는 '캔자스 외딴 시골집에서……'라는 노래로 잘 알려진 만화 〈오즈의 마법사^{The Wizard of Oz}〉의 배경이기도 하다. 토네이도에 휩쓸려 마법의 대륙 오즈에 떨어져 버린 주인공 도로시^{Dorothy}의 이야기처럼 이곳에는 매년 수십 차례의 토네이도가 발생한다.

캔자스주는 한반도와 비슷한 크기이지만, 인구는 고작 3백만 명에 불과할 정도로 인구밀도가 낮다. 캔자스주의 동쪽과 서쪽을 가로지르는 주간고속도로 70번^{Interstate Highway 70}을 타고 가다 보면 인구 2만 명의 작은 도시 정크션 시티^{Junction City}가 나온다. 도시 입구에 들어서면 생각지도 못한 한국 식당, 미용실, 방앗간, 여행사, 그리고 한인 교회들을 마주하게 된다. 뉴욕도 LA도 아닌 이 캔자스 외딴 시골 지역에 왜 한인들이 살고 있는 것일까? 그 이유는 이 도시에 미군 제 1 보병사단^{1st Infantry Division}이 있는 포트 라일리^{Fort Riley}가 위치해 있기 때문이다.

정크션 시티는 어떤 곳인가?

제2차 세계 대전, 한국 전쟁, 베트남 전쟁 이후 다양한 이민자들이 캔자스에 정착했다. 한 예로 1975년 사이공이 함락된 후 많은 수의 베트남, 라오스, 캄보디아 난민들이 캔자스에 위치한 가든 시티^{Garden City}와 도지 시티^{Dodge City}로 이주하였으며, 그곳에 있는 육류 포장 공장에서 일하며 생계를 꾸려 나갔다.

또한 1950년 이후 독일에 주둔해 있던 미군과 결혼한 수천 명의 독일 여성들이 정크션 시티로 이주했다.

이후 미군과 혼인한 필리핀, 일본, 한국, 태국, 베트남 여성들 또한 이 지역에 정착하게 되었다. 왜 이렇게 많은 국제결혼 여성들이 이곳으로 이주하게 되었을까? 제2차 세계 대전과 한국 전쟁 이후 많은 미

정크션 시티

군들이 주둔하던 나라의 현지인 아내를 데리고 미국으로 귀환하기 시작했다. 당시 미국의 많은 주에서 백인·비백인 혼인·출산 금지법 anti-miscegenation laws*을 시행하고 있었다. 문제는 이러한 법으로 인해 파병을 마치고 복귀한 병사들이 해외에 있는 자신의 가족을 데리고 오는 것이 순탄치 않았다. 한 예로 제2차 세계 대전 후 적국이었던 일본에 대한 반일 정서로 인해 미군과 혼인한 일본인 이주 여성들이 차별당하는 일도 비일비재했다.

이러한 점을 고려하여 미 육군 본부는 정크션 시티의 포트 라일리를 국제결혼 부부들이 안전하게 정착할 수 있는 특별 군부대 중 하나로 지정했다. 당시 캔자스는 백인·비백인 혼인·출산 금지법이 시행되지 않는 주였다. 또한 캔자스 내 정크션 시티는 군부대가 위치한 관계로 이미 다양한 인종들이 거주하고 있었기 때문에, 타 인종에 대한 적대감이 적었다.

이 정책을 통해 1950년대부터 한인 국제결혼 여성들이 정크션 시티로 유입되면서 캔자스 한인 이민의 주요 역사가 시작되었다. 1990년대까지 수천 명의 한인 여성들과 이들의 직계 가족 및 친지들이 이주해 오면서 한인 공동체가 형성되었으며, 이들은 생계를 꾸려 나가기 위해 주로 자영업에 종사했다. 예를 들어, 포트 라일리로 이어지는 그랜트 애비뉴Grant Avenue에는 한인 식료품점, 식당, 세탁소, 술집, 그리고 쇼핑몰이 있으며, 워싱턴 스트리트Washington Street에는 한

★   이 법은 1967년에 이르러서 대법원 확정 판결로 최종 폐기되었다.

정크션 시티의 한인식당

인 소유 미용실, 타이어 전문점, 그리고 여행사가 위치해 있다.

이러한 소규모 사업장들을 통해 한인들은 캔자스 시골 지역 사람들에게 한국 문화를 전파하며, 이 지역의 문화적 다양성에 이바지했다. 이들의 기여도를 다음과 같은 지역민 인터뷰에서 엿볼 수 있다.

한국인들이 정크션 시티 문화 증진에 미친 영향은 이루 말할 수 없습니다. 여기에는 한국 식당들이 있습니다. 그리고 다양한 한국 미용실이 있고 한국인 소유의 옷 가게들이 있습니다. 평생을 이곳 정크션 시티에만 살았던 딸아이와 친구들은 다양한 음식을 맛보고 싶을 때 햄버거와 핫도그 대신 한국 레스토랑이나 한국인이 운영하는 중국 레스토랑에서 가져온 음식을 먹습니다. 우리는 김치를 매우 좋아하기 때문에, 한국 식료품점에서 김치를 사 갑니다. 김치는 매우 냄새가 나지만, 저는 개의치 않습니다.*

하지만 정착 초기에 정크션 시티는 한인들의 아메리칸드림을 실현하기에 녹록치 않은 곳이었다. 그곳은 군인 가족이 생계유지를 위한 일자리를 구할 방법이 마땅치 않았다. 특히 계급이 낮은 군인들에게 상황은 더욱 열악했다. 거주할 주택이 부족해서 많은 군인 가족들은 영외의 낡은 트레일러 같은 이동 주택에서 지내야 했다. 설상가상으로 군인 남편의 낮은 임금으로 인해 심각한 경제적 어려움을 겪거나 이혼으로 혼자 남겨져 자녀를 양육해야 하는 여성들의 수도 많았다. 그래서 일부 국제결혼 여성들은 생계를 위해 매춘업에 종사하는 불가피한 선택을 할 수밖에 없었다.

이들은 또한 인종차별적 편견도 견뎌야 했다. 이를 1991년 〈정크션 시티 신문Junction City Daily Union〉 독자 기고란에 도슨Dotson이라는 여성이 보낸 글에서 엿볼 수 있다.

★ Koreans' influence on cultural enrichment of Junction City is beyond description. We have Korean restaurants. As we have Korean-owned beauty shops here that brought us different styles. Korean-owned clothing stores with different clothes. My daughter's friends that have lived all their lives here in Junction City have never tried any of the different things so instead of the hamburger and hotdogs, we tried Chinese food from Korean restaurants or Korean-owned Chinese restaurant. We go to Korean grocery store to buy some Kimchi because we love Kimchi. It is very stinky, but it does not bother me at all.

우리 같은 미국인과 유럽인 다수는 한국 문화와 생활에 대해 알고 있습니다. 군인들은 한국에서 접했던 끔찍한 이야기를 가지고 미국에 돌아옵니다. 한국에서 개들은 재미와 식용을 위해 건물 옥상에서 산 채로 던져집니다. 한국 학생들과 일반인들은 행운을 위해 개의 머리를 주머니에 넣고 다닙니다. (중략) 그래서 그들은 이 아름다운 미국에서 자신들의 가게 운영을 위한 많은 돈을 가지고 있는 것이겠죠? 개와 고양이 고기에 더해 매춘 소득도 있지 않습니까?*

하지만 이후 신문의 〈편집자에게 보내는 편지Letter to the Editor〉란에는 도슨의 글을 반박하는 내용들로 넘쳐났다. 누군가의 무지한 글로 인해 한국인들이 받았을 상처를 위로하며 인간에 대한 존중을 강조하는 글들이 대부분이었다.

브래드 R. 캐럴, 퇴역 군인

편지 전체는 허구입니다. 나는 한국에 세 번의 파병을 다녀왔습니다. 한국인들은 매우 친절하고 개 도살업에 종사하지 않습니다. (중략) 우리는 공동체로서 함께 살아가고, 서로의 문화를 비판하지 않는 법을 배

★ **Many of us: American and European: know about Korean culture and life. Soldiers who have been stationed in Korea come home with horror stories. Dogs are thrown alive from the roof top of Korean houses for amusement and eating. Korean students and people carry heads of dogs in their pocket around for good luck⋯⋯ Is that why you have more money for businesses in our beautiful country: add to dog and cat meat, Korean prostitution income?**

워야 합니다.[*]

김병춘

한국인들이 개, 고양 판매와 매춘을 통해 돈을 번다는 글을 읽었을 때, 나는 토할 뻔했습니다. 한국인들은 열심히 일하고 돈을 저축하여 성공하고자 합니다. 가족 또한 중요한 역할을 합니다.[**]

셰리 톰프슨

한국 사람과 미국 사람이 화목하게 사는 것을 원하지 않는 것 같군요. (중략) 편협한 심판석에 앉아 한국인과 반대되는 판결을 내리면서 어찌 하나님이 진노하신다고 말할 수 있겠습니까? 나는 하나님을 믿으며 한국인으로서의 유산을 자랑스럽게 생각합니다.[***]

---

[*] Brad R. Carroll, a retired Army: The whole letter is nothing but fiction. I spent three tours in Korea. The people are very kind and are not in the dog killing business……. We as a community need to learn to live together and try to learn not to criticize each others' culture.

[**] Kim Pyong Chun: When I read that she believed Koreans make their money by selling dogs, cats and prostitution, I could have thrown up. Koreans get ahead by working hard and saving their money, the family also plays an important role.

[***] Sherrie Thompson: It sounds like you don't want Koreans and Americans to join together and live in harmony……. How can you talk of God being angry, when you sit on the judgment seat making proclamations against Koreans. I believe in God and am proud of my Korean heritage.

레이 토핑

한국 문화도, 생활 방식도 모르는 당신!! 도슨 씨! 나는 한국에 한 번도 아니고 두 번이나 주둔했던 군인입니다. (중략) 아시다시피 정크션 시티에는 선하고 정직한 한국 기독교인들이 많이 살고 있습니다. (중략) 당신 같은 사람들이 나와, 한국에서 태어난 아내, 가족, 친구들을 받아들이고 말고는 상관하지 않습니다.[*]

그레고리 M. 페도르추크

도슨 씨는 한국인들이 우리 아름다운 나라의 사업체들을 인수해 운영하는 것을 마치 한국이 불쾌한 행동을 한 것처럼 연결 지었습니다. (중략) 도슨 씨는 한국인이 매춘하는 것은 당연하다는 것처럼 이야기했습니다. 제 친구의 아내는 한국인입니다. 그녀는 매춘부가 아닙니다. 그녀는 헌신적인 아내이자 엄마입니다. 또한 기독교인입니다. 그녀는 남편을 돕기 위해 미국인들을 위한 비숙련 노동에 종사하고 있습니다. 그녀는 제가 지인으로 알고 지내고 싶은 사람입니다. 우리는 약 3,000년의 문명을 가지고 있고, 한국은 5,000년의 문명을 지니고 있습니다. 도

---

[*] **Ray Topping**: You don't know anything about the Korean culture nor the way of life there!! You see Ms. Dotson, I am one of those soldiers who has been stationed over there in Korea, not once, but twice……. You see, there are many good and honest Korean Christians living here within the Junction City, Fort Riley, and Manhattan area……. As far as you and any other European or American accepting me, my Korean born wife, family and friends, I really don't give a damn.

슨 씨의 편지는 미국인인 저를 당황스럽게 합니다.**

이러한 글들을 통해 인종과 문화의 다양성을 존중하는 정크션 시티의 모습을 확인할 수 있다.

미군과 국제결혼하여 1960년대 캔자스에 온 한국인 어머니를 둔 한 혼혈인은 '우리 어머니는 더 좋은 삶을 살기 위해 모든 것을 바친 적극적인 삶의 개척자'라고 말했다.

캔자스의 한 시골에서 이곳 백인들과 다른 모습을 가진 자식들을 키우느라 백인들의 화장실 청소와 설거지를 하며 생계를 유지했던 한 인 여성을 상상이라도 할 수 있나요? 저는 이 캔자스라는 곳에서 삶의 대부분을 보내셨던 제 어머니의 삶이 아무런 가치가 없다고 생각하지 않습니다. 그래서 이곳 한국인들의 이야기가 잊혀서는 안 된다고 생각합니다.

만약 차로 미국 여행을 다녀올 계획이 있다면 정크션 시티에 한번

** Gregory M. Fedorchuk: Ms. Dotson lumps this all together with Koreans taking over our businesses in our beautiful country, as if Korea is ugly; …… My friend's wife is Korean. She is not a prostitute. She is a devoted wife and mother. She is a Christian. She works at unskilled labor for Americans to help her husband. She is the type of person that I seek as our acquaintances …… We have a civilization that goes back about 3,000 years, the Korean civilization goes back 5,000 years……. Ms. Dotson's letter embarrasses me as an American.

들러볼 것을 추천한다. 로스앤젤레스에서 출발해 로키산맥을 지나면 대평원이 나온다. 그곳을 지나면 캔자스 외딴 시골집들이 보일 것이다. 이 시골집들에 우리가 몰랐던 한인들의 설움과 애환이 담겨 있다는 점을 상기해 보면 좋을 듯하다.

★ 이미지 출처

- 엘리자베스 1세 https://en.wikipedia.org/wiki/Elizabeth_I#/media/File:Elizabeth_I_in_coronation_robes.jpg
- 닐스 핀센 https://en.wikipedia.org/wiki/Niels_Ryberg_Finsen#/media/File:Niels_Ryberg_Finsen_portrait.jpg
- 코코 샤넬 https://www.pinterest.co.kr/pin/405253666441109115/
- 루위 레아르 https://en.wikipedia.org/wiki/Louis_R%C3%A9ard#/media/File:Louis_R%C3%A9ard_bikini.jpg
- 우르줄라 안드레스 https://en.wikipedia.org/wiki/White_bikini_of_Ursula_Andress#/media/File:Ursula_Andress_in_Dr._No.jpg
- 말리부 바비 인형 https://picryl.com/media/vintage-malibu-barbie-9c0f60
- 팁 주는 이미지 https://restaurant-ingthroughhistory.com/2018/03/11/how-americans-learned-to-tip/
- 풀먼 컴퍼니의 기차 식당칸 https://rfpro.gettyimageskorea.com/search/image17?q=1822235045&rows=40&sort=bm&watch=rf&nudity=on&page=1
- 배회, 잡상인 출입, 구걸 금지 표지판 https://en.m.wikipedia.org/wiki/File:No_Loitering_Fortuna.jpg
- 거리의 빈민들 https://rfpro.gettyimageskorea.com/search/image17?q=502035657&rows=40&sort=bm&watch=rf&nudity=on&page=1
- 스뫼르고스보르드 HYPERLINK "https://www.shutterstock.com/ko/image-photo/scandinavian-smorgasbord-assortment-cold-cuts-herring-1302461425"https://www.shutterstock.com/ko/image-photo/scandinavian-smorgasbord-assortment-cold-cuts-herring-1302461425
- 1950년대 라스베이거스 호텔 뷔페 엽서 https://special.library.unlv.edu/ark%3A/62930/d1wm13z47
- 중식 뷔페 https://www.flickr.com/photos/samsmith/31248686

- 미국 공중화장실 https://www.quora.com/Why-do-toilet-stalls-in-the-US-have-1-2-inch-gaps-on-the-doors-and-a-foot-tall-gap-at-the-bottom
- 거리의 노숙자들 https://commons.wikimedia.org/wiki/File:Phoenix_AZ-_West_Madison_Street_near_homeless_shelter_services.jpg
- 젠트리피케이션을 비판하는 벽화 https://www.flickr.com/photos/wnewton/4681047576
- 삼각 무역 루트 https://en.wikipedia.org/wiki/Triangular_trade#/media/File:Triangle_trade2.png
- 1915년 미국 설탕 공장 https://commons.wikimedia.org/wiki/File:The_American_sugar_industry;_%281915%29_%2817975241889%29.jpg
- 핼러윈 사탕 https://stocksnap.io/photo/halloween-candy-ECICLHJMAZ
- 추수감사절 파이 https://pixexid.com/image/the-phrase-happy-thanksgiving-is-etched-onto-a-rustic-wooden-plank-surrounded-vbkxmcte
- 크리스마스 케이크 https://www.flickr.com/photos/geishabot/4212748176
- 부활절 사탕 바구니 https://www.freeimageslive.co.uk/free_stock_image/basket-easter-eggs-jpg-0
- M&M 광고에 등장하는 캐릭터 https://pxhere.com/en/photo/844181
- 1775년 북아메리카 13개 영국령 https://commons.wikimedia.org/wiki/File:Thirteen_Colonies_1775_map-nl.svg
- 미국 건국의 아버지들 https://en.wikipedia.org/wiki/Founding_Fathers_of_the_United_States
- 1850년, 백인의 감시하에 목화를 따는 노예들 https://en.wikipedia.org/wiki/File:Cotton_pickers_and_overseer_around_1850.jpg
- 인디언 기숙학교 학생들 https://en.wikipedia.org/wiki/American_Indian_boarding_schools#/media/File:Carlisle_pupils.jpg
- 영어를 공식 언어로 채택하고 있는 주 https://en.wikipedia.org/wiki/Languages_of_the_United_States#/media/File:USA_states_english_official_language.svg
- 가족 농장에서 일하는 아이들 https://www.loc.gov/resource/nclc.00472/
- 1930년대 미국 도시 학교 교실 https://www.shutterstock.com/ko/image-photo/retro-picture-classmates-group-children-classroom-305487344
- 미국 놀이공원 https://commons.wikimedia.org/wiki/File:Six_Flags_Hurricane_Harbor_New_England.jpg

- 동양인의 찢어진 눈을 희화화 한 그림   https://commons.wikimedia.org/wiki/File:The_Wasp_1881-05-21_The_coming_man.jpg
- 검은색 잉크를 마시는 흑인 아이   https://commons.wikimedia.org/wiki/File:Caricature_of_an_African_American_child_drinking_ink;_image_caption_reads_%22Nigger_milk%22_LCCN95518135.tif
- 1963년 'I Have a Dream' 연설 중인 마틴 루서 킹 목사   https://en.wikipedia.org/wiki/I_Have_a_Dream#/media/File:Martin_Luther_King_-_March_on_Washington.jpg
- 《베니스의 상인》에 등장하는 샤일록   https://commons.wikimedia.org/wiki/File:John_Hamilton_Mortimer_-_Twelve_etchings_of_Characters_from_Shakespeare,_12)_Shylock,_from_The_Merchant_of_Venice,_Act_IV_-_B1977.14.12126_-_Yale_Center_for_British_Art.jpg
- 반유대인적 표현인 '능글맞게 웃는 상인' 밈   https://www.ajc.org/translatehate/smirking-merchant
- 원숭이로 묘사되는 아일랜드계 이민자   https://en.wikipedia.org/wiki/Anti-Irish_sentiment#/media/File:The_Bugaboo_of_Congress_-_Puck.png
- 'beaner'가 적힌 스타벅스 컵   https://www.dailynews.com/2018/05/17/starbucks-investigates-after-slur-demeaning-mexicans-is-printed-on-customers-coffee-cups/
- 다크 미트   https://pixabay.com/photos/tree-laurel-jar-leaves-chicken-3796084/
- 화이트 미트   https://pixabay.com/photos/chicken-breast-fillet-raw-boneless-6946603/
- 생선 필렛   https://www.shutterstock.com/ko/image-photo/prepared-pangasius-fish-fillet-pieces-isolated-141311932
- 유대계 러시아 이민자들   https://www.lookandlearn.com/history-images/YW020304V/Russian-Jews-being-examined-by-a-doctor-before-emigration-from-Liverpool-to-the-United-States
- 어빙 벌린   https://en.wikipedia.org/wiki/Irving_Berlin#/media/File:Irving_Berlin_NYWTS.jpg
- 영화 〈화이트 크리스마스〉의 한 장면   https://www.loc.gov/item/ihas.200184158/
- 세 자매: 옥수수, 콩, 호박   https://simple.wikipedia.org/wiki/Three_Sisters_%28agriculture%29
- 백인들의 버펄로 학살   https://rfpro.gettyimageskorea.com/search/image17?q=664241922&rows=40&sort=bm&watch=rf&nudity=on&page=1

- '눈물의 길'을 걷고 있는 크리크(Creek) 원주민 https://commons.wikimedia.org/wiki/File:Trail_of_Tears_for_the_Creek_People_%287222969326%29.jpg
- 프라이브레드 https://commons.wikimedia.org/wiki/File:Sopaipillas.jpg
- 베스트 웨스턴 https://www.flickr.com/photos/jeepersmedia/15144002102
- 한인 미용용품점에 진열된 가발 https://www.flickr.com/photos/southbeachcars/6662125435
- 티피 헤드런 https://en.wikipedia.org/wiki/Tippi_Hedren#/media/File:Tippi_Hedren_in_1964.jpg
- 노드럽 킹 시드 회사 창사 30주년 광고 https://commons.wikimedia.org/wiki/File:Northrup,_King_and_Co.%27s_Seeds_(3092942775).jpg
- 수박을 게걸스럽게 먹는 흑인을 묘사한 191년엽서 https://commons.wikimedia.org/wiki/File:You_can_plainly_see_how_miserable_I_am.jpg
- 수박 더미 주위에서 춤을 추는 흑인들 https://en.wikipedia.org/wiki/Watermelon_stereotype#/media/File:African_Americans_dancing_around_a_pile_of_watermelons_(cropped).jpg
- 12살인 루이 암스트롱이 체포되었다는 현지 신문 기사 https://en.wikipedia.org/wiki/Louis_Armstrong#/media/File:Louis_Armstrong_Arrest_2_Jan_1913_Times-Democrat.jpg
- 1925년, 루이 암스트롱의 밴드 https://commons.wikimedia.org/wiki/File:Fletcher_Henderson_Orchestra_in_1925.gif
- 〈왓 어 원더풀 월드〉 앨범 커버 https://en.wikipedia.org/wiki/What_a_Wonderful_World#/media/File:Louis_Armstrong_What_a_Wonderful_World.jpg
- 1963년 흑인 인권 운동 https://commons.wikimedia.org/wiki/File:Marchers,_signs,_and_tent_at_the_March_on_Washington,_1963.jpg
- 《엉클 톰스 캐빈》 책 표지 https://picryl.com/media/uncle-toms-cabin-13
- 흑인 게토 https://www.shutterstock.com/ko/image-photo/ghetto-ny-harlem-new-york-city-180431717
- 조스 캔자스시티 비비큐 https://www.flickr.com/photos/vwcampin/20197011620
- 캔자스시티의 재즈 구역 https://www.visitkc.com/18th-vine
- 니그로 리그 박물관 https://www.visitkc.com/18th-vine
- WASP의 모체가 된 청교도인 https://www.worldhistory.org/Puritans/
- 윌리엄 '더미' 호이 https://en.wikipedia.org/wiki/Dummy_Hoy#/media/File:Dummy_Hoy.jpg

- 1914년 당시의 야구 수신호 https://commons.wikimedia.org/wiki/File:How_to_play_baseball,_a_manual_for_boys_(1914)_(14764290005).jpg
- 선수와 심판 간의 다툼 https://openclipart.org/detail/294837/baseball-dispute
- 현재의 야구 수신호 https://www.wikiwand.com/en/Pat_Hoberg
- 미국이 구매한 프랑스 영토 https://en.wikipedia.org/wiki/Louisiana_Purchase#/media/File:Louisiana_Purchase.jpg
- 멕시코로부터 획득한 영토 https://en.wikipedia.org/wiki/Mexican_Cession#/media/File:Mexican_Cession.png
- 오리건 조약을 통해 얻은 영토를 표시한 지도 https://commons.wikimedia.org/wiki/File:Oregon_Territory_1848.svg
- 알래스카 구매에 대한 미국 국회의사당 벽화 https://commons.wikimedia.org/wiki/File:Flickr_-_USCapitol_-_Alaskan_Purchase,_1867.jpg
- 뉴욕의 맨해튼 https://pixabay.com/photos/new-york-usa-nyc-ny-manhat-tan-4352072/
- 로스앤젤레스 https://en.wikipedia.org/wiki/Los_Angeles#/media/File:Los_Angeles_with_Mount_Baldy.jpg
- 시카고 https://pixabay.com/photos/chicago-illinois-lake-michigan-1791002/
- 찰스 A. 데이나 https://commons.wikimedia.org/wiki/File:Portrait_of_Charles_Anderson_Dana.jpg
- FBI https://commons.wikimedia.org/wiki/File:F_B_I_%283769245201%29.jpg
- 스테이트 트루퍼 순찰차 https://www.flickr.com/photos/rclarkeimages/9563089667
- 셰리프 순찰차 https://commons.wikimedia.org/wiki/File:Whatcom_County_Sheriff_Ford_Police_Utility_%2817302086896%29.jpg
- 폴리스 순찰차 https://www.pexels.com/photo/a-parked-police-car-12122718/
- 아이비리그 대학들 https://en.wikipedia.org/wiki/Ivy_League#/media/File:Ivy_League_map.svg
- 반 위클 게이트 https://en.wikipedia.org/wiki/Van_Wickle_Gates#/media/File:The_iconic_Van_Wickle_Gates_at_Brown_University,_one_of_America's_prestigious_%22Ivy_League%22_colleges,_in_Providence,_the_capital_of,_and_largest_city_in,_Rhode_Island.jpg
- 러스트 벨트 https://commons.wikimedia.org/wiki/File:Rust_and_Sun_Belts.png
- 피츠버그 https://www.whereig.com/usa/states/pennsylvania/where-is-pittsburgh.html

- 앤드루 카네기 https://en.wikipedia.org/wiki/Andrew_Carnegie#/media/File:Andrew_ Carnegie,_by_Theodore_Marceau.jpg
- 포드 모델 T 카달로그 https://commons.wikimedia.org/wiki/File:1909_Ford_Catalog_-_ Model_T_Town_Car_-_Left_Front.png
- 클리블랜드의 스탠더드오일 공장 https://commons.wikimedia.org/wiki/File:Standard_ Oil_Works._Cleveland_sixth_city._-_DPLA_-_bd0cd8963ff9d7333a37dde7b9e39406_ (page_1).jpg
- 바이블 벨트 https://www.quora.com/What-states-are-thought-to-be-the-Bible-Belt- and-what-states-actually-are-in-2019
- 앨라배마주 광고판 https://en.wikipedia.org/wiki/Bible_Belt#/media/File:Go_to_ church....jpg
- 왼쪽의 에일맥주와 오른쪽의 라거맥주 https://www.diffen.com/difference/Ale_vs_Lager
- 버드와이저, 쿠어스, 밀러 맥주 https://www.youtube.com/watch?v=ubWdARH4aBU
- 밀워키의 밀러 맥주 공장 https://en.wikipedia.org/wiki/Miller_Brewing_Company#/media/ File:Miller_Brewery.png
- 1900년, 맥주를 사랑하는 독일인을 조롱하는 엽서 https://search.library.wisc.edu/digital/ A2WQS7XJGCF5CD8I
- 2012년 크레이지 호스 기념관 입구 저자
- 2023년 현재 제작 중인 크레이지 호스 기념비 https://nara.getarchive.net/media/a-long- shot-right-side-view-of-the-crazy-horse-national-monument-under-construction- 3e1a10
- 최종 조각상 축소판 저자
- 1934년 모르몬교 선교사가 그린 크레이지 호스 https://commons.wikimedia.org/wiki/ File:Crazy_Horse_drawn_in_1934_by_a_Mormon_missionary.jpg
- 리틀 빅혼 전투 https://picryl.com/media/elk-eber-die-indianerschlacht-am-little-big- horn-1936-a42605
- "내 땅은 내 죽은 자들이 묻힌 곳이다." 저자
- 코르자크 조코프스키 저자
- 샌프란시스코 https://en.wikipedia.org/wiki/File:San_Francisco_from_the_Marin_ Headlands_in_August_2022.jpg
- 샌프란시스코 시위 https://scotscoop.com/beneath-the-surface/
- 헤이트 애시베리 구역 https://en.wikivoyage.org/wiki/San_Francisco/Haight

- 잭 케루악   https://en.wikipedia.org/wiki/Jack_Kerouac#/media/File:Kerouac_by_Palumbo_2_(cropped).png
- 1967년 샌프란시스코 반전 시위   https://www.flickr.com/photos/97930879@N02/14264342109
- 정크션 시티   http://www.opticstalk.com/you-know-youre-in-texas-when_topic27328_page421.html
- 정크션 시티의 한인식당   저자